班主任专业成长读本

丛书主编 · 陈秋中
本册主编 · 范丹红　　副主编 · 王　皓

中国人民大学出版社
· 北京 ·

目录 Contents

丛书序言

班主任工作是一项专业性、实践性、艺术性很强的工作，具有情境性、复杂性和不可预见性。班主任的工作情境非常复杂，班级管理的对象是充满个性差异的活生生的人，班主任要对班级实施有效的管理，不仅需要自身人格的魅力，以心育心，以德育德，以人格育人格，更需要丰富的实践智慧和专业能力。在激烈变革的现实生活中，面对纷至沓来的各种新的情境、新的问题与新的挑战，每个班主任都要持续不断地做出各种专业行动的判断和决策。班主任决策是一个极其复杂的过程，为了对学生的终身发展负责，为了尽可能将问题解决的负面影响控制到最小，我们遇事绝不能凭一时冲动随意处置，也不能仅凭以往的经验简单处理。这要求我们透过复杂的问题和现象，学会“专业化地思考和决策”(教育专家周卫语)。

如果每一个新任班主任事事都要去亲历亲为，那么等到他们的经验与智慧成熟时，差不多也到了该退休的时候了。如何使青年班主任能在较短时间内成长为优秀班主任，是一项重要的使命。

《班主任之友》就是完成这项使命的一个平台。2014 年 11 月，班主任之友杂志社庆祝了她的 30 岁生日。自 1984 年创刊以来，《班主任之友》汇集了全国众多优秀班主任和班级管理理论工作者，倡导一种民主、平等、开放、多元、合作、共享的文化，对班主任工作众多领域进行了研讨，积累、开发班主任群体的实践智慧，形成了具有实用性的理论框架。从 2008 年起，《班主任之友》策划、组织专题研究，从纵深方向系统、全面地开展一个一个课题式研究，将班级管理中的小问题做成大学问。2011 年第 7、第 8 期合刊，以“班主任专业发展”为主题展开：从班主任专业发展的理论内涵解析，到专业化发展的个案经验示范，再到班主任专业化成长的实践路径解读，全面而系统地探讨了班主任专业发展方方面面的问题。其后，2012 年第 1、第 2 期合刊，研究、编写了“班级应急手册”，对班级工作中可能遭遇的各种紧急情况与预防、应对措施做了全方位的研究。2013 年第 1、第 2 期合刊，以“班主任与家长”为主题，研究了愈趋复杂的社会背景、家庭构成下的家校合作的模式及实践，等等。这些年来，《班主任之友》与全国一些优秀班主任反复交流，精心打磨，每一个专题都凝聚了众人的心血与智慧。专题研讨推出后一直受到广大读者的肯定和喜爱，认为它有助于班主任形成“专业化地思考和决策”。

源创图书的策划人吴法源先生看了这些合刊，希望把一些专题出版为一套丛书。为了便于读者阅读，源创图书的张万珠先生对这些专题进行了再一次编辑和加工，根据需要添加了许多内容，部分标题也做了修改，有的专题改动还比较大。

《班主任之友》丛书一共五本：《做一个老练的新班主任》《班主任应急手册》《做一个家长喜欢的班主任》《班主任专业成长读本》《感谢那些“折磨”我的学生——教师如何应对问题学生》。从新班主任入门到班主任专业成长，从接受来自问题学生的挑战到面对不同背景、不同个性的家长，从执行班级日常常规到处理班级突发紧急事件，每一个选题，既有教育理论工作者的研究视角，又有众多优秀一线班主任的实践体验。

《做一个老练的新班主任》是一本特别为青年班主任准备的拿“班照”的导航手册，探讨青年班主任如何少犯错误，走正道，一开始就专业地做班主任。涉及的主题有怎样才能顺利接好一个新班、怎样排座位才能大家都满意、怎样安排卫生值日最合理、怎样制定班规最有效、好的班干部是怎样炼成的、良好的班风从哪里来、怎样沟通效果才好、第一次班级讲话怎样才能成功等。

《班主任应急手册》是一本专门为班主任准备的应急指南。手册集中探讨了学生出走、意外伤害、校园暴力、班级偷窃、自伤自杀等五种突发事件类型，有针对性地提出对策和方法，并辅以生动、鲜活的案例。本书最后，我们还总结了应对班级突发事件的一般性策略，便于班主任举一反三，应对纷繁、复杂的班级管理现状。

《做一个家长喜欢的班主任》告诉我们：无论是什么样的家长，都是爱孩子的，班主任只要把握好关爱孩子这个节点，和家长无论有怎样的分歧，最后应该都能达成理解和共识。“非常”妈妈、“特别”祖父母、强势或弱势家长、“80后”家长，虽然他们中有的人教育方法不一定正确，但都他们希望自家的孩子成人、成才。只要老师真心爱孩子，真诚沟通，家校之间就没有鸿沟，有的是友谊的彩桥。

《班主任专业成长读本》在框架结构上遵循理论指导实践的原则，从班主任专业化的内涵、阶段、途径、平台、目标等方面进行阐述。班主任工作需要深入日常生活、学习的细节中去，班主任的知识是情境知识，班主任的智慧是实践智慧，班主任需要在听中学，在读中学，在看中学，在做中学，既需要实践的磨炼，又需要案例的积累。通过问题探究、现场诊断、情境体验、学习反思等方式不断加强班主任解决问题的能力，这是一个真正的学习过程，是一个提高班主任专业发展意识的过程。

《感谢那些“折磨”我的学生——教师如何应对问题学生》在详细列出问题学生的种种类型，诸如学困、早恋、网瘾、纪律涣散等类型的同时，更加重视教师对每一种类型问题学生进行转化中所应采取的具体方法、分析、步骤，以及可能出现的问题等。这些实践智慧，全部来自数十位一线优秀班主任和名师，以及教育学、心理学方面的著名学者。

30年来，班主任工作，从前十年强调“爱心与奉献”的“推动精神文明建设的重要力量”，到20世纪90年代中期开始彰显“民主与科学”的班级管理新理念和新探索在全国校园遍地开花，再到近十年来，以“自主与专业”为鲜明坐标，班主任群体职业自觉和专业发展方兴未艾、生机勃勃，始终浸润着时代的气息，越来越贴近教育的本真。班主任群体在引导和推动社会及人的发展上越来越体现出自身独特的价值；道路，也越走越宽阔。

期待本套丛书，这些对教育现场的深度诊断、科学破解，能激起班主任“专业化”自己的信心！

丛书主编 陈秋中

2014年12月

第一章　班主任需要“专业地”发展

> 当我们以非专业的身份担任着专业的工作时，我们会感觉很委屈。
>
> 当我们用非专业的方法干着专业的工作时，我们会很痛苦。
>
> 让班主任成为一种专业，让班主任专业地发展，刻不容缓！

班主任岗位跟学科教学岗位究竟有什么不同？什么样的班主任才算是一位专业班主任？班主任专业发展的具体内容是什么？如何保障班主任专业化的落实？

弄清楚了这些问题，班主任就能有目的、有谋划、有信心地走上专业发展之路。

一、班主任专业化与班主任专业发展

（一）班主任专业化是岗位专业化

经过20多年的努力，教师专业化逐渐从文本变为现实。明显的证据是，教师资格认证制度已建立，正在不断完善中；教师职前教育、入职教育、职后培训制度已经形成。专业信念、专业精神、专业能力已成形并成为教师职业的基础，教师的专业形象已开始为社会所接受。教师的经济和社会地位得到提升，教师开始跟医生、工程师一样，逐渐成为一种有吸引力的专门职业。

班主任专业化不是和教师专业化平行、并列的一种专业化，而是后者的一个组成部分。班主任不是一个独立的职业，班主任的身份是教师。教师主要有两个岗位：一个是教学，另一个是当班主任。《中小学班主任工作规定》指出，对于担任班主任的教师来说，当班主任与教学都是主业。因此，教师专业化理所当然由教学专业化与班主任专业化两项构成。

班主任专业化是岗位的专业化，它面向教育界内部，目的是确立班主任工作的专业地位，吸引更多教师去做班主任工作，做好班主任工作，它追求的是班主任岗位与教学岗位的平衡。这与教师专业化有一定区别，后者着重打造教师的专业形象，提高教师的专业水平，促进学生的全面发展，从而实现教师社会价值的最大化，提升教师的职业声望和社会地位。

（二）班主任专业化与班主任专业发展的关系

这是两个含义相近的概念，有时可相互替代。不过，它们各有侧重。

“班主任专业化”侧重于群体专业发展，反映了一个岗位逐步达到专业标准，向专业阶段发展的过程。它首先要求班主任工作的专业地位得到充分认可，并保证班主任拥有较高的社会声誉和经济待遇；其次要求班主任有明确的上岗标准，进入班主任行列必须取得专业资格证书。如果班主任没有较高的专业地位、社会声誉和经济待遇，那么，班主任工作就没有吸引力，连基本的从业人数都难以保证，更谈不上专业资格的要求了。

“班主任专业发展”侧重于个体的发展。专业发展是更新、完善从业者的专业知识、专业技能和专业态度的过程和活动。班主任专业发展是班主任这个岗位所要求的、个体的、内在的专业品质不断提升、发展、完善的过程，所谓内在的专业品质包括专业信念、专业知识、专业能力、专业人格和专业发展的意识等。

群体意义上班主任的专业化与个体意义上班主任的专业发展是密切联系、相互制约的。如果没有对岗位的专业地位的认可，没有严格的资格认证制度，就不可能有对班主任个体专业发展的要求。同样，没有个体的专业发展，群体的专业化也是不可能的。专业化取决于从业人员的专业素质，个体的专业发展是群体职业上升为专业、保持并巩固其专业地位的必要条件。所以，班主任专业化的建设应该双管齐下——"外塑形象，内强素质"。

二、班主任专业发展：为什么？意味着什么？

为什么要促进班主任专业发展？

这是现实的迫切需要。在现实生活中，不少教师在担任班主任工作的问题上，存在着"不愿做"、"不会做"的现象，结果是班主任痛苦、学生受罪，基础教育因此而受拖累。

"不愿做"班主任工作是一种较为普遍的现象。班主任，是世界上职位最低、责任最大的"主任"——这个带着几分调侃意味的"定义"极其准确地概括了班主任工作的特征。每天，每所学校，每位班主任都会陷入琐事和忙碌之中，"忙"、"累"、"紧张"是他们的共同感受，有些人因此而感到痛苦。在某市对中小学教师进行的问卷调查中，只有15%左右的教师表示喜欢当班主任，60%以上的教师称自己不喜欢做班主任，另一部分教师表示无所谓。学校给班主任的压力太大，工作太繁杂，待遇低，与付出不成比例是教师不愿当班主任的主要原因。

一所学校有多少个班就需要多少位班主任，教师不愿意做也得有人做。学校不外乎采用两种方式。一是适度提高经济待遇，用外在诱惑来增强岗位的吸引力。工作不好做，又忙又累，那就多加一点儿津贴，或者进行一些精神上的奖励，比如评奖、评优。二是各种形式的逼迫。用经济利益来吸引教师做班主任还算仁慈，问题是，因经费紧张，许多学校所给的经济待遇不能吸引足够多的班主任，那就只能用强迫手段了。比如，直接采用行政命令的手段——轮流做，不愿做也得做；还有间接命令——不做班主任不能评职称。林林总总的强迫手段让教师们更难受。

"不会做"是另一个大问题。这也可以理解，把几十个家庭背景不同、性格各异、活泼好动的孩子组织起来，不仅要维持好正常的教学和生活秩序，不断地应付各种突发事件，提高学生的学业成绩，还需在这个过程中联系家长，协调科任教师，完成学校各部门下达的形形色色的任务。更具挑战性的是，班主任不只是被动地执行各种指令，在事务层面上完成任务，还要管理育人，促进学生的全面发展，激发学生的生命活力，让学生享受学校生活。这一岗位要求班主任扮演学习指导者、心理咨询师、人生导师、活动的导演等角色；具备丰富的管理学与教育学知识、心理咨询知识、法律知识；能深入地了解学生的内心世界，熟练地与家长打交道；具备一定的表达沟通能力、协调能力、领导能力、教育能力；最好还能有完美人格，兴趣广泛，才华横溢。可是，班主任入职前基本上未做任何培训，或者做了一点儿培训，但那点儿培训相比于班主任的素质要求而言根本微不足道。不管一个人会不会做班主任工作，是否具备相关的素质，就把一个班丢给他，好坏全凭他的造化。如果碰到一个好班主任，学生和家长就像中大奖一样高兴，因为这是一个低概率的事情，能遇到自然是运气好。如果遇到专横的班主任、管不住班的班主任以及形形色色不合格的班主任，那学生就受罪了，不得不忍受漫长的折磨。有多少不合格的班主任，就有多少个班的学生要受罪，连带他们的家长一起跟着受罪。

毫无疑义，我们都希望减少“不愿做”、“不会做”的班主任的比例，增加优秀班主任、专业班主任的比例，从而让更多学生从受罪的状态进入享受教育生活的状态。因此，加强班主任队伍建设刻不容缓。

采用何种模式才能达到大幅度、大面积地提高班主任队伍素质的目标，才能让更多教师愿意做班主任、会做班主任？

树立榜样、大力宣传班主任的奉献和牺牲精神、提高班主任的待遇、加强班主任培训工作，当然是一种思路，这是通常的思路。

另一种选择是走专业化的道路，促进班主任专业发展。

后一种选择与前一种思路并不矛盾，专业发展也强调要坚守专业信念、确立正确的专业态度，要求班主任爱生敬业，但它的内容更丰富，体系更完整，方法更科学。“专业化”不只是简单的一个词，它的背后还有着一系列完整的、被众多行业证明是有效的制度与措施，它们是医生、律师、工程师等专业发展几十年，甚至几百年的经验积淀。班主任队伍建设走专业发展道路，实质上是对医生、律师等专业发展成功经验的借鉴，也是对几十年国内外教师专业化成果的享用。在此平台上结合班主任岗位的特征去探索、去研究，比那种没有基础、没有方向的摸索，成功的可能性更大。

走班主任专业发展的道路，意味着什么呢?

第一，确认班主任岗位是一种专业性岗位。要树立班主任的专业形象，提升班主任工作的“专业含量”，开发班主任工作的专业潜力；要强调班主任工作跟教学工作一样都是专业性工作，教师专业发展不能简单归结为教学专业发展，班主任专业发展也是其非常重要的组成部分。

第二，提高班主任岗位的吸引力。要提高班主任的待遇，特别是要开通班主任评职称的通道，让班主任工作跟语文学科、数学学科一样成为一个专业技术职务，这是根本性的举措。在真实地树立班主任专业形象的同时，要实质性地提高班主任的待遇。

第三，按照专业人才的成长规律来促进班主任专业发展。要制定班主任专业发展标准，从专业信念、专业知识、专业能力、专业态度和专业人格等方面来规划班主任专业发展。要把专业发展的主动权交给班主任，鼓励他们去自主发展、自我反思、修身养性。

第四，为班主任专业发展提供制度保障。要树立全心全意为班主任服务的思想，为他们提供进修、反思、交流的机会和宽松的工作环境。

三、班主任岗位的专业定位

班主任岗位和学科教学岗位究竟有什么不同?什么样的班主任才算是一位专业班主任?班主任专业发展的具体内容是什么?要回答这些问题，首先要弄清楚班主任岗位的专业定位。

班主任的一种身份是管理者。

从名称上看，“班主任”三个字本身就带有行政职务的色彩，班主任工作的另一个名称——“班级管理”中就分明出现了“管理”二字。

《中小学班主任工作规定》列出了班主任的五项职责与任务：对个别学

生的管理与教育，班级日常管理和班集体的建设与管理，班队活动的组织与指导，学生操行评定，任课教师、家长和社区的沟通与协调。这五项内容说明班主任的主要任务和职责是管理，班主任首先是一个班级的领导者、组织者和管理者。

班主任的另一种身份是教育者。

班主任首先是教师，当然也是教育者。

“新基础教育”把班主任工作（他们称之为班级建设）归类为教育活动。“课堂教学是以学科为载体，通过开发学科教育价值而养成个体独特的学科素养，通过学科实现对人之生命的滋养，更多存在于课堂教学场景下的活动。班级建设则是以班级中的日常生活和主题教育活动为载体，以形成个体独特的个性与班级个性为目的的教育活动。在主体上，课堂教学是由学科教师和学生共同构成，而班级建设是由班主任和学生共同构成。班级建设需要与教学沟通，但不是处于为教学服务的附属地位，而是与课堂教学同等重要的两个领域，它们相互影响，相互渗透。”（李家成）

班主任工作，或者叫班级建设或班级管理，怎么能同时是管理活动和教育活动呢？

可以这样来理解：班级管理存在许多形式，它们具有不同品质，有些管理活动没有教育价值，甚至具有反教育性，会损害儿童的发展。幸运的是，确实有一些高品质的管理活动进入了管理育人的场域，既属于管理活动，又达到了教育活动的标准。

班主任岗位的专业定位是管理育人，班主任的专业形象是“教育型管理者”（王晓春语）。

以处理早恋为例，王晓春说明了单纯的管理者与教育型管理者的区别。所谓早恋，属于“提前恋爱”，未到季节花儿提前开了。单纯作为管理者处理类似事件，或严厉禁止，或粗暴干涉，都可“出色地”完成任务，成功地阻止早恋，把它“消灭在萌芽状态”。比如，有些班主任为了阻止早恋，不择手段，破坏学生心中异性同学的形象，甚至不惜贬低爱情的美好，让学生不仅在学校不谈恋爱，甚至一生都不再相信爱情。教育型管理者的任务则复杂得多，他不但要防止学生早恋，同时还要引导学生进行正常的异性交往，教学生学会交往的艺术，树立正确的恋爱观，以便将来他们该恋爱的时候有所准备，而不至于束手无策。从这个事例可看出教育型管理者和单纯的管理者的区别：前者是真正以人为本，真正为学生着想；后者则以班级管理任务为中心，考虑得更多的是自己的“业绩”。

四、班主任专业发展的内容

教师专业发展的内容，大体上从专业信念、专业知识、专业能力、专业态度与人格等几个方面来建构，不同研究者在分类或名称上有些差异。我们可借助这一框架来构建班主任专业发展的内容。

（一）班主任的专业信念

信念是指确信的看法和坚守的思想。信念是自己认为正确的观点，是人在自我生活和社会生活中信奉的观点，是需要坚守的理念。信念与知识有区别，知识是一种知道和了解，而信念则是在此基础上的进一步认可和接受。信念往往与理想有关，它通常是正面的、有价值的，信念需要在实践中坚守，只有真正推动实践的理念才能叫信念。

专业信念是一项事业、一个专业岗位要求从业者信奉或坚守的理念，起着为专业指导方向、提升层次和提供动力的作用。班主任专业信念是指班主任自己认可并确信的、指导自己班级管理和教育实践的理念。

如何选定班主任工作的专业信念呢？班主任工作的专业信念是为许多优秀班主任所信奉的信念，或者是被许多理论学者所认可的信念，并且能够构成一个比较完整的体系。

1. 管理育人，做一名教育型管理者

立志做一名教育型管理者，相信班级管理与教育并不冲突，相信能够

在班级管理中促进学生的发展，提升学生的生命质量，让学生感受到生活的幸福。这一信念决定着班主任工作追求的目标和能达到的境界，是班主任专业发展的基础。管理育人与教书育人并列，是一种公认的说法。它与“新基础教育”提倡的“生命教育”和班级建设中的“教育学立场”相通。“教育型管理者”因王晓春的《做一个专业的班主任》一书而广为人知。

2. 学生为本（也称学生立场）

班主任要在工作中树立一切为了学生，将学生的利益摆在第一位，全心全意为学生服务的职业信念。这是以人为本的科学发展观对班级管理的要求，也是众多优秀班主任坚守的理念。

3. 民主管理

肯定民主管理的正当性，并在班级管理中坚持民主管理。魏书生老师视民主管理为班主任工作最基本的两项原则之一：“民主就是大家的事大家商量，班级怎么管、知识怎样教、能力怎样练、作业怎样留、班会怎样开，都和同学们商量。”李镇西老师提出：“没有民主，便没有创造；没有民主的教育，便没有民主的未来。”坚持民主管理，不仅仅是因为民主管理有效，还因为它是未来成人社会民主政治的预演，可以培养学生的民主意识和能力。

4. 自主管理

相信学生的潜能，学生能做的事，尽可能让学生去做，这不仅有助于管理班级，还可以锻炼学生的能力。这也就是魏书生老师所讲的“班级的事，事事有人干；班级的人，人人有事干”。

5. 精神关怀

班主任专业化的主要倡导者和研究者班华教授认为，班主任最根本的教育理念、最重要的教育品质就是对学生的精神关怀。精神关怀主要是关怀学生的心理生活、道德情操、审美情趣等方面的成长与发展，即关心他们的精神生活质量和精神成长。精神关怀最基本的表现是关心、理解、尊重、信任学生，学会对学生进行精神关怀是班主任专业化的必然要求。

专业信念，是班主任信奉和坚守的理念，是班主任自觉行动的指南，是班主任克服职业倦怠、专业发展、自我修炼的动力。班主任选定自己的信念，长期坚守信念的过程，就是专业发展的过程。

（二）班主任的专业知识

1. 专业理论知识

班主任工作的学科基础主要有三类：教育学、管理学和心理学。毫无疑义，教育学是基础。班级管理也属于管理范畴，只有管理学知识丰富了，才会吸收先进的适合班级管理的知识，放弃粗暴的“管理主义”倾向。心理学是前两门学科的基础，更是班主任专业化的基础，要了解与理解学生、开展心理咨询等都必须掌握心理学知识。这三门学科知识繁多，而班主任的学习时间总是有限的，要择其精华而学习。

按照学术研究的规范，借助多学科理论框架，深入研究中小学班级管理实践，形成比较完整的知识体系，这种知识体系就是“班级管理学”或“班主任工作原理”。它是教师教育中的一门课程，也是学科研究的重要领域。这门学科虽然不够完善，许多问题有待于进一步深化，但它包括许多有价值的东西，为班主任专业发展提供了理论基础。

2. 实践知识

实践知识是由班主任在实践中反思和总结出来的知识，这类知识极为丰富，也最有价值，是班主任专业知识的主体。

这类知识的存在形式多种多样。一是以著作、论文和各种讲演的形式出现。特别是近些年来，随着班主任工作越来越受重视和班主任培训的展开，一线优秀班主任纷纷著书立说。这类知识来自实践，贴近实际，最受班主任老师的欢迎。二是以日常工作中的经验交流的形式出现，更多时候，这类知识存在于班主任身上，与实践合为一体，有待于反思，有待于被叙说。

3. 人文和科学知识

人文知识、科学知识是通用知识，是现代社会成员都应当掌握的知识，它们广博，漫无边际，似乎不能称作专业知识，但它确实是班主任专业发展所需要的。班主任专业发展建立在广博、深厚的人文知识和科学知识基础之上，这正是它的魅力所在，也是它的难度所在。

（三）班主任的专业能力

班主任的专业能力是指班主任在工作中形成的，围绕班级管理、学生思想工作的一整套顺利完成教育工作的实践能力。它是班主任专业发展的核心构成部分，是完成班主任工作的保障。

和科任教师相比，班主任主要是依托班级开展工作，有效地解决班级教育工作中的班级目标、班级管理、班级文化、班级活动、班级教育合力、学生发展评价等问题，建立正常的班级秩序，形成良好的班集体，顺利完成育人的工作任务。班主任的专业能力主要包括以下几个方面。

1. 了解、研究学生的能力

班主任必须具备敏锐的观察力，要有善于通过各种渠道调查、了解学生情况的能力，还要有对信息进行分析、判断的能力。了解、研究学生的能力是班主任能力的基础，也是前提。

2. 交往、沟通和协调能力

班主任必须具备协调教师和学生、联系家长和社会的能力，使家庭、学校、社会彼此配合，形成教育合力。学生经常会发生各种意想不到的问题，要想解决这些问题，需要很强的协调能力。

3. 组织、管理能力

班级管理是一项艰巨、复杂、专业性很强的工作，班主任作为班集体的组织者和管理者，必须具有较强的组织、管理能力。要善于调动学生主动参与班级活动的积极性，让他们成为活动真正的主人。

4. 应变能力

在班级管理中，班主任经常会遇到各种突发事件，这就需要班主任具备很强的应变能力。要时刻保持冷静，使自己处于清醒、理智的状态，并且迅速而准确地做出判断，然后选择正确的方法予以解决。

（四）班主任的专业态度与人格

关于班主任的专业态度，我们列举以下三项。

爱心。关爱学生是班主任最宝贵的职业情感。只有当班主任真正从内心热爱学生，才会潜移默化地影响学生、感染学生，从而生成有效的教育。无论有多丰富的知识、多么强的能力，没有爱心，一切都是空的。

责任感。责任感是班主任对自己应承担的义务和应尽的职责的内心体验。班主任工作非常细致、琐碎、复杂，难以在各个方面规定详细的操作规程，难以对工作的数量、质量提出额定的要求，工作做多做少、工作绩效如何，往往取决于班主任的责任心。因此，教育从本质上说是一种需要有高度责任感的活动。

公正。公正就是班主任在教育教学过程中，公平合理地对待和评价每一个学生。具体地说，就是班主任在教育和评价学生的态度和行为上，应公正、平等，正直、无私，不偏袒；对待不同智力、不同性别、不同个性、不同亲疏关系的学生一视同仁，满腔热忱地去关心、热爱每一个学生，从每个学生的不同特点出发，因材施教。

班主任的人格与个性修养更为复杂和丰富，在这里也只选择以下三项我们认为最能影响班主任专业品质的内容。

善良、宽容。善良，与人为善，时时处处为学生着想；宽容，能够容纳与自己不同的看法和见解，从成长的角度看待和处理学生的问题。宽容不是纵容，宽容基础上的严格体现着班级管理的专业品质。

为人正派。班主任正直、诚实、正派，为人师表，学生才会在内心真正佩服。

乐观、幽默。班主任乐观向上，笑对生活，班级才会充满阳光；班主任有幽默感，能营造轻松的气氛，就能化解班级管理中的许多矛盾；班主任有童心，就更可爱，更容易走进学生的心灵。

（五）自主专业发展的意识与能力

班主任专业发展是一个自主发展的过程。班主任专业知识的主体是实践性知识，而这类知识的获得要依靠自我反思；专业能力是在实践中自我磨炼而成的；专业信念需要自我的长期坚守；专业态度的形成过程和专业人格的提升过程，更是班主任自我修炼的过程。

班主任专业发展属于反思性实践取向。这种取向中的教师的专业程度是凭借“实践性知识”来加以保障的。“实践性知识”有这样五个特点：其一，它依赖情境而存在——通过丰富、复杂、动态的关系反映出来，植根于生动、具体、完整的教育场景中；其二，它是作为一种“案例知识”积累并传承的；其三，它是以实践性问题的解决为中心的综合多学科的知识；其四，它是作为一种默会知识发挥作用的；其五，它是一种“个体性知识”。

班主任专业发展的反思性实践取向不同于理智主义取向。在知识属性上，理智主义取向主张教师职业的专业能力是对教育学、管理学、心理学原理与技术的合理运用，同其他专业职务一样，其专业属性受专业领域的科学知识与技术的成熟度所制约。反思性实践取向主张教师工作具有创造性、发散性的特点，不仅需要知识、技术和技能，而且需要艺术素养和审美情趣。理智主义取向认为专业发展过程是一个由他人主导的训练过程，而反思性实践取向专业发展则主要依靠自主修炼；理智主义取向专业发展强调规范化、通用化、程序化，而反思性实践取向专业发展则强调情境性和个性化。

因此，对于班主任来说，有没有强烈和长久的专业发展意识，是否学会阅读，学会反思，学会与他人组成专业共同体共同分享实践经验，学会修养心性，决定了他的专业发展水平能达到的高度。

五、班主任专业发展的制度保障

（一）进一步落实班主任的主业地位

班主任专业化的前提是确立班主任的主业地位。主业地位没有确立之前，班主任专业化只能是一句空话。

未确立主业地位之前，班主任工作只能是教学工作之外的一种兼职，一种副业，一种事务性工作，一种依靠“奉献”支撑、无“专业尊重”的“额外负担”。学校为了让班主任工作岗位能分派下去，在少得可怜的津贴之外，开展评选优秀班主任活动，给一些荣誉，或者干脆硬性规定当班主任是职务晋升的必备条件，不想干也得干。作为“兼职”和“额外负担”的班主任工作，是不可能争取到专业化地位的，在这种情况下谈论班主任专业发展，只能是空谈。

班主任主业地位确立具有标志性的转折是2006年6月教育部颁发了《关于进一步加强中小学班主任工作的意见》，2009年8月教育部出台了《中小学班主任工作规定》。前者明确了班主任工作的主业地位：“班主任岗位是具有较高素质和人格要求的重要岗位，做班主任和授课一样都是中小学的主业，班主任队伍建设和任课教师队伍建设同等重要。”后者在此基础上进一步规定了“班主任工作量按当地教师标准课时工作量的一半计入教师基本工作量”。班主任工作是兼职，是工作之外额外的安排，决定了班主任异常繁忙，做班主任工作的时间都是挤出来的，哪有时间用于专业发展？把班主任工作量计入教师基本工作量，实质上是帮助班主任回归正常工作状态，为划出一定时间用于班主任专业发展提供了可能。工作量的规定意义十分重大，它是班主任作为主业的具体化和制度化。

好的政策出台之后，落实成为关键。班主任工作作为主业，特别是“班主任工作量按当地教师标准课时工作量的一半计入教师基本工作量”规定的全面落实，需要增加大量教师编制，而编制增加的背后则是教育投入的增加，这不是教育行政部门所能决定的，还需要人事部门、编制办和财政部门的协同配合。在人员编制没有增加的情况下，学校对这一规定的落实就只能打折扣。为了落实班主任工作作为主业和班主任工作量的规定，教育行政部门要主动与相关部门沟通，上级教育行政部门要对这项规定的落实工作进行检查与督促。学校和班主任教师，也要在不同场合多呼吁落实这一规定，应当意识到这一规定实质上减轻了超负荷工作的教师的负担，是在保护教师队伍的整体利益。

（二）打通班主任职称评聘通道，增强班主任岗位的吸引力

专业发展是一个艰苦的过程，需要个体的主动投入，需要个体有源源不断的发展动力，而动力来自这个岗位的吸引力。一个没有人愿意做，或者因为义务而无奈被动做的岗位，是不可能有好的专业发展的。

在一些地方和学校，班主任不是一个有吸引力的岗位。一是没有人愿意做，班主任成为大家“争相谦让”的岗位，“班主任荒”已成为一个很突出的问题。如果十个班主任岗位，只有五个人来做，连人都凑不齐，那么还谈什么班主任职业资格审查、班主任准入、班主任挑选。二是做班主任工作是被动的，是出于无奈。因为没有多少人愿意做班主任工作，所以有些地方出台规定，教师评定职称时，没有当班主任的经历或没有达到时限，一票否决；或者采用行政命令——每一位青年教师都必须做几年，大家轮

流做。这样的班主任，连工作都是敷衍、应付、出工不出力，还谈得上花时间、费精力去进行专业发展吗？选择这个岗位是被动的，在这个岗位上无法实现个人价值和相应的利益追求，所以班主任对自己的专业发展不感兴趣，无法维持发展的长久动力。

要使班主任专业发展有持久的动力，班主任岗位需要变得有吸引力，让教师争相去竞争。

第一，班主任岗位要有极具吸引力的经济回报。获得稳定而丰厚的经济收入是专业人员不断追求专业发展的基本物质保障。任何一个专业成熟度很高的岗位都有相当高的经济回报做支持，只有这样，才能吸引更多优秀人才加入这个行业，也只有这样，才能促使从业人员不断致力于提高专业水准、建立严格的职业伦理规范，从而提高这一职业的权威性和社会地位。因此，合理的薪酬制度可以激励班主任不断追求专业发展与职业自我实现。要落实班主任工作量以当地教师标准课时工作量一半计入教师基本工作量的规定。这一规定不仅可以保证班主任教师有时间、有精力做好班主任工作，还可以保证班主任劳动得到应有的回报。此外，还应适度提高班主任津贴，在绩效工资分配中适度向班主任倾斜。

第二，设立优秀班主任评选和奖励制度，重视从精神层面上提高班主任岗位的吸引力。许多教育行政部门和学校，已经建立了优秀班主任评选制度，每年或每两年都会开展评选，这些做法和经验值得推广。还有一些学校在促成“人人愿意当班主任”的风气方面很有办法，比如明确班主任人选后郑重宣布任用，使其产生荣誉感、使命感和责任感，并努力让学生、家长和教师逐步达成这样一个共识：能当班主任的教师都是好教师。

第三，将班主任工作与语文、数学等学科并列，纳入教师系列专业技术职务评聘。

虽然一直说班主任工作跟学科教学一样也是主业，也是一种专业性岗位，但是，学科教学可评聘职称，班主任工作却不行。班主任工作成绩再突出，获得的荣誉再多，论文写得再好，评定职称时也不算数。这让教师们觉得班主任工作是“人人能为，人人须为”的非专业性工作，还有什么专业尊严可言？教师最在意的是职称，不仅工资、津贴和福利与它挂钩，而且它还是教师专业水平，甚至社会声望的一种象征。可以说，班主任工作不能作为一个专业岗位参加职称评选，是班主任专业化的最大障碍。

把班主任工作与学科教学并列，作为一个专业技术岗位纳入教师系列专业技术职务评聘，让“班主任中级”、“班主任高级”与“中学一级”、“中学高级”一起出现在职称行列中，会提升班主任工作的专业形象，大大提高班主任岗位的吸引力。它可以增加班主任教师的选择空间，班主任教师除可以学科教师身份参加职称评选外，还可以班主任身份参加。一些班主任专业发展水平高的教师，会因此晋升职称，增加工资，专业地位得到社会认可。

应当指出，我们主张的把班主任工作纳入教师系列专业技术职务评聘不同于班主任职级评定。班主任职级评定是在教师职称之外，另行建立一个评聘制度，并规定它是班主任津贴发放的依据。它的本意是加强班主任管理，促进班主任专业发展，但实际上也许适得其反——让班主任觉得压力更大、负担更重，更不愿当班主任。

（三）健全培养、培训与研修制度

班主任专业发展也可分为三个阶段：职前教育、入职教育和职后教育。

班主任职前教育向来比较薄弱，有些高等院校只是在“公共教育学”中辟出一章来讲班主任工作，有些院校开设了“班主任工作”或者“班级管理”课程，只有少数院校开设班主任方面的必修课。一门几十个课时的专门课，再加上教育学、心理学课程，对于形成班主任专业素质的要求，是远远不够的。在大学校园里，“班主任工作”这门课很难“教”，因为班主任工作是科学也是艺术，起主导地位的是实践性知识，具有综合性、情境性、个性化等特点，不宜全场记录、观摩与练习。课堂教学的实践性也强，但优秀教师的精彩课堂可以录下来观摩与学习，也可进行模拟上课练习。班主任工作分布在整个教育过程中，只有主题活动是以课为单位，而它远不是班主任工作的全部。了解、观摩班主任工作的全貌很困难，模拟班主任工作也不容易。因此，班主任职前教育主要是学习班级管理的一些基础知识与规范，通过案例研究、了解班主任工作的局部细节。

相对而言，班主任入职教育更为有效。教育部规定，初任班主任要接受30课时以上的培训，这种明确的岗位培训比泛泛学习效果要好。有一些学校让那些刚从大学校门出来的新任教师担任副班主任，让他们身临其境，跟着优秀班主任学习。这种做法非常科学、有效，值得大力推广。

班主任专业发展的重点在职后教育。班主任工作是一种实践性极强的专业活动，它的专业程度是凭借"实践性知识"来加以保障的，它的专业性主要体现在反思和行动研究上。它的职后教育有两种形式：一是培养，即传统的面对面的授课，或者进行远程网上培训；二是校本研修，这更为重要。明确了这一点，就知道该如何为班主任专业成长提供空间了。

首先，组建班主任专业研修支持体系，定期开展专业研修活动，形成专业研修制度。中小学教学研究从上到下有一个支持体系，省、市、县有教学研究室，学校设有教研组和备课组，每年或每学期要制订业务活动计划，按期开展教学研究活动。而班主任工作长期以来没有被视为一种事务性工作，行政事务性布置会倒是经常开，偶尔也开展一点儿评比活动，但业务学习、专业研讨性质的活动却很少，更谈不上制订业务研修计划。因此，我们应当以教学研究为蓝本，组建班主任专业研修支持体系，让班主任专业研修形成制度。

其次，为班主任专业研修和培训提供经费支持和时间保证。班主任工作也需要时间备课，需要时间反思，需要划一块时间大家坐下来研讨。同时，班主任专业研修和培训也需要经费支持。

再次，要形成专业发展共同体。实践、反思、阅读和行动研究，在一个专业发展共同体中进行将更有效率，更容易出成果。孤独、封闭、单个的专业发展不容易成功。前些年，由于以学校为单位的班主任专业发展共同体没有形成，一些班主任就在网络上结成专业共同体，相互学习，相互支持与鼓励，共同成长，许多优秀班主任正是在网络中脱颖而出的。在班主任专业发展逐渐形成气候的条件下，要以学校或以县、市为单位组成专业共同体，并且鼓励网上网下相互连通，为班主任专业发展创造更好的条件。

（四）推动班主任管理变革

毫无疑义，班级是学校的基层组织，班主任要服从学校的管理。

把班主任管理工作当作一种专业的管理，显然不同于将之当作一种纯事务性工作的管理。

王晓春从专业班主任的角度说过一段很精彩的话："要制定班主任工作较详细的专业法规，不但要规定他该做什么，还要规定他不必做什么；不但要规定他必须服从什么，还要规定他有权拒绝什么。绝不能允许什么人都来指挥班主任。对班主任的评价、考核标准必须经过论证，要开听证会，听证会必须有班主任代表参加，不允许任意出台评价、考核班主任的标准和办法。对班主任的管理，要抓大放小，尽可能让班主任自己做主，这样他才能真正负责任，而且称得上名副其实的专业人员。班主任应该用更多时间开教育研讨会，而不是应付领导的检查。各种检查、评比应该减到最少。班主任能自主策划班级的管理和学生的教育（领导把住大原则），才能有成就感，才有可能真正进入研究状态。"

这段话说得很明白，第一，要尽可能减少班主任的行政事务，减少各种检查、评比；第二，对班主任的管理要抓大放小，领导把住大原则，尽可能让班主任自己做主；第三，制定出专业法规来限制学校不断自我膨胀的管理行为。

确立班主任的主业地位，是班主任专业发展的前提；让班主任成为一个吸引人的岗位，为班主任专业发展提供强劲的动力；建立专业培养和研修制度，为班主任专业发展提供空间；对班主任管理进行改革，尊重班主任的专业自主性，真正让班主任工作成为一项专业，这四个方面是相互联系的，共同构成了促进班主任专业发展的制度保障。

（主持、撰稿　熊华生　湖北第二师范学院）

第二章　班主任专业成长三阶段

当我们弄清楚了最优秀的教育工作者都做了些什么，他们如何突破瓶颈，如何走向卓越时，我们就可以获得动力——我们也可以成为专业的、优秀的班主任；我们就可以得到启示——调整我们的步伐，加入他们的行列。

班主任专业发展可以分为规范化、个性化、核心化三个阶段。每个阶段面临不同的问题，优秀班主任都能成功解决这些问题。

一、规范化阶段：成长为合格班主任

[外在特征] 新手班主任。

[专业发展目标] 规范化——从新手逐步成长为合格的班主任。能够胜任班级各项管理工作，与学生建立良好的师生关系，制定明确的班集体目标并知道如何向这个方向去努力。

[专业发展问题] 缺少班级管理的经验，除了基本理论知识的学习以外，还有强烈的向老班主任、优秀班主任学习的渴望，并以模仿、套搬为主。对自己的期望值很高，但由于理想与现实的差距、理论与实践的脱节，许多新班主任遇到问题时容易退缩，并怀疑自己的能力。

[专业发展策略]

①敢于反省，保持良好心态。

②善于学习，摒弃简单模仿。

【案例 1】

第一次当班主任就遭遇了学生的“暴动”

刚参加工作那个学期，校长给我安排了一个班主任职务。我怕做不好，他说：“你爸爸很会做班主任，还在地区班级工作现场会上发过言，有其父必有其子，我不相信你就不行。”

当就当呗。老爸告诉我：“当班主任不容易啊，开始接班的时候必须严格管理，不然后边乱了，你再来治理就很困难。”我虚心地向一些老班主任学习，他们告诉我：“学生不能‘放’，要严厉。”他们还给我举了好多例子：“某班主任，学生迟到了罚到操场跑 20 圈，结果班上学生服服帖帖。”“某班主任，学生不听话，喊出来做下蹲运动，一次就是 100 个，罚到学生站都站不起来，谁还敢乱来？”“某班主任确实有威信，讲台上一站，下面就鸦雀无声。”……听得多了，我简单地得出一个经验：做班主任就是要严，严就能够出效益，出成果。所以，刚当班主任时，“上课睡觉罚挑垃圾 20 担”的班规就出台了。

他们还告诉我：“做班主任，要跟紧学生。”于是我天天从起床、早自习、一日三餐、早操、课间操一直到就寝等，全面跟起。经常是上课预备铃一响，我就站在了教室前面；熄灯铃刚过，我就到了学生寝室外……

天天如此，我很累。终于，在我身体被拖垮的时候，有一天早上，我到教室里去检查自习，发现黑板上写着两行粗黑大字。

我们不要法西斯班主任！

我们要换班主任！

我一时气蒙了。

我发现班上还有几个男生不在，头天晚上我在班里严厉批评过他们，因为他们躲在漆黑的过道里趁机揩女同学的油。今天他们到哪儿去了呢？我正在思考时，教务处曾老师来了，他告诉我：“有几个学生向学校告状，要换班主任。”噢，就是他们几个鼓动的好事情啊！

顿时，愤怒、委屈、悲伤的情感一下全涌上来。我没有想到自己这么尽职尽责，换来的却是这样的结局。身体不好都舍不得花时间去看，家就在学校旁边，父母得病了都没有陪伴一下，自己全身心付出，换来的竟是学生赶我下台！

（湖南省邵东县两市镇第一中学　郑学志）

【案例2】

学来学去，我为什么还在老路上走

当班主任两三年了，班级平平常常，没什么起色，我不甘心。我渴望做一名成功的班主任。为此，我学习先进，与时俱进，曾先后在班里烧过三把改革的火。可尴尬的是，这三把火烧完之后，我不得不重新回到老路子上来。

第一把火是我模仿教育名家制定班规。我很羡慕魏书生、李镇西等教育名家，他们常常凭借一纸班规，将班级管理得井井有条。尤其是魏书生，他经常出差、外出讲学，很少有时间在学校里，但是他班上的状况却难以置信地好，这让我神往不已。于是，学着他的样儿，我在班里也设立了各种管理机构，制定了各种管理制度。班里56名学生，几乎人人都有事做，人人都是官。可是，执行了一段时间后，我却遗憾地发现：要么名家是骗人的，要么是自己的造化不够，这些班规在实际操作中根本没有一点儿作用。

例如上课请假的问题，班规中明确规定：“任何人都不得在上课进行中请假，上厕所、找东西都必须在课间休息的十分钟内做好。”可是，班规执行一个星期后，就出现了问题。首先是女生上课请假，我理解女生因为个人问题，有时候不得不请假，于是开了特例。女生特例一开，男生就有意见和想法了，他们纷纷说自己也有特殊情况。结果，上课请假的问题，仅仅是班规刚出台的那一个星期做得很好，后来是外甥打灯笼——照舅（旧）。

其他如课堂纪律、卫生责任、班级文化建设等，我都想得很好，甚至有很多具体条款还照搬了那些名家的具体做法，可是最后都无疾而终。这些实践让我意识到：教育名家的方法好是好，可是太有个性了，我们学不来。我们能够做的，其实还是传统的老做法。我就这个想法跟很多同事交流过，他们也很认同。

第二把火是民主治班。我曾经在好几届班主任工作中推行过民主治班。可是，民主治班和班规一样，是水中月、镜中花，看起来很美，却中看不中用。第一次在班里推行民主治班时，学生很高兴，我也很兴奋。可是，不到一个月，麻烦就出来了：由于学生权力太大，班级管理最后变成了自由市场式的讨价还价。我不甘心失败，于是在第二次做班主任的时候，继续推行民主治班理念，并吸取了第一次民主治班的教训，不事事都听学生的。一个学期后，我在班上进行民主测评，结果又很失望：学生居然说我是假民主，征求意见只不过是做样子。真是气死我了。

几次失败之后，我又恢复了过去治班的老样子——任何事情都由我说了算。这回，学生反映很好，一些学生干部说："早该这样了！"还有些学生直言："以前您事事都听学生的，结果有同学给您起了一个外号——糯米团子！"我听了大吃一惊。幸亏觉醒的时间早，不然就误事了。从这以后，我再也不搞什么民主治班了。

后来有一天学校举办了赏识教育讲座，听得我热血沸腾，想做一个创新型班主任的念头又从我心底跳了出来。我相信一句话："没有不会学的学生，只有不会教的老师。"我为自己过去粗暴批评学生感到羞耻，也下决心从此用赏识的眼光去发现学生的优点。于是，第三把火悄然烧起。刚开始改变的时候，学生也很惊奇，一些学生在日志中说："老班的变化真让人吃惊！""我们终于有一个善解人意的班主任了。"

可是，推行一段时间后，我又不得不承认：人和人是不能比的，别人那里成功的经验，到我们班里却不一定适合。为什么这么说呢？首先是赏识之后，学生觉得我很假——成绩本来就差，还说什么只是目前的困难。其实很多学困生对自己的状况很清楚，他们已经彻底放弃了自己，老师的赏识并不能激发他们的信心。一位学困生甚至这样告诉我："老师，你还是别逼我们了，我们不行。你赏识的目标我们达不到，还是拉倒吧！"

经历了这一系列事情之后，我得出一个结论：做班主任啊，无论外边吹什么风，你都不要跟着潮流跑。

（湖南省邵阳县五丰铺镇中学　刘坚新）

【专业发展策略1】敢于反省，保持良好心态

我的反思路

带班带成这个样子，下课也就是早晚的事了。当有一天校领导又一次找我谈话的时候，我虽然已经预感到谈话的内容，但当决定正式宣布时，我还是无可遏制地感到失落、愤怒。

失落，是因为两年前我决定做教师，许多亲朋好友都不理解，一位同学说："你这个高材生，去初中教数学，不是杀鸡用牛刀吗?"最初，我也认为教教小孩子，我那水平是绰绰有余的。可是没想到，力气都使尽了，不但鸡没杀死，牛刀还折了！

愤怒，一是对领导，二是对自己，三是对学生。愤恨领导的不近人情，恼怒学生的恩将仇报，也懊悔自己的软弱无能。这种愤怒后来演化成一种充满羞耻的痛苦，一直压抑在我的心头，促使我学习，促使我反思。

韩信当年受了胯下之辱，于是痛定思痛，开始刻苦读书；越王勾践卧薪尝胆，忍辱负重，终于有一天报仇雪恨，收复国土。那段失败的班主任经历，像是将我钉在了耻辱柱上，让我的自尊无时无刻不受到挑战。我强烈地感受到了古人所说的"知耻近乎勇"的感觉，事实上，我也凝聚了无穷的反思和解剖自己的勇气。

我应该庆幸的是，在感到极度羞耻的情况下，我选择了一条正确的道

路，那就是自我分析，自我反思。在这种情况下，人通常很容易怨恨他人，怨恨周边的环境。我身边就有这样的同事，在带班失败之后，怨领导，怨家长，怨学生，怨同事，唯独不怨自己。多年以后，我涅槃了，回头看他们，带班水平几乎没什么提高。几年前不能解决的问题现在仍然找不到解决的方法，遇到挫折后，他们埋怨声依旧。

我选择反思可能是因为我是一个自负的人。我失败了，但是我不相信我的能力就是如此，我坚信我是一把牛刀，这把牛刀终究会杀鸡如探囊取物。我想，五年复旦读书生活（当中还军训了一年）给我最大的收获可能就在于此。我心高气傲，不服输，不愿承认自己无能。那段时间，我一直用一个信念支撑自己：我教不好不代表别人也教不好，我今天教不好不代表我明天也教不好！

有将近两年的时间，我是在反思中度过的。我苦苦思索失败的原因，苦苦思索为什么学生明知我对他们好还要和我作对。我回忆我和学生交往的众多细节，然后再思考如果从头开始我究竟应该怎么做、怎么说。在反思中，我逐渐成熟了。我成了一名心灵丰富的教师，不再只凭着激情和冲动做事，而是学会了保持冷静，学会了保持理性。

（摘自万玮《激情与理智的结合》，选自《班主任专业成长的途径——40位优秀班主任的案例》一书）

【评析】

我们在思维定式中，提到问题，往往就会想到方法。尤其是青年班主任，迫切需要灵丹妙药。但是众多名师成长的经历却清楚地告诉我们：成长，取决于人的精神状态。有什么样的精神状态就会有什么样的生活。不管处于什么样的环境，如果你有强烈的自我进取、自我发展的需求，你就会主动把环境的压力转化成发展的动力，不断地学习，不断地吸纳，不断地积聚能力。到一定的时候，你就会水到渠成地发出光芒。

【专业发展策略2】善于学习，摒弃简单模仿

在错误中增长教育智慧

如果说聪明是天生的话，那智慧绝对是后天的。因此，我们说一个人有心，是说明他做过的事多，所以他就有经验了。而一旦说他有智慧，说明了什么？说明他做过的错事多，他才有智慧。因此不要怕自己曾经走过弯路，曾经做过错事，更不能怕犯错误。在一次次犯错误当中，我们吃一堑长一智，这样才能不断地增长智慧。

我刚当老师的时候，真的是非常热心，情感也丰富得很，特别爱孩子。但是我不懂得教育科学，我不知道怎么去教育学生，更不要提艺术性了。

有一次，有一个老教师对我说："我教你一个诀窍，尤其像在咱们这样的学校，没有诀窍，那是根本带不好班、教不好课的。"我当时一听，真是感激涕零，真是俯首帖耳，真想找个录音机把他这段话给录下来。这位老师说了什么呢？他说："小艾，你记住，在咱们学校，老师小笑，学生大笑；老师大笑，学生狂笑；老师要狂笑，那学生就疯了。所以在学生面前千万不能笑。"老教师说了我就得听啊。于是，我真镇住学生了。

后来在一次班委会上，我彻底地被泼了一盆冷水。班委会上，一个班干部跟我说："任老师啊，如果所有科任老师都像你一样不苟言笑，咱班的课就安静了，就秩序好了。问题是有的老师特别和蔼可亲，这班里就乱做一团。"我问："什么课？"回答："外语课。"我当时一听，就马上想到，教我们班外语的是一直教毕业班的一位头发银白的老太太，校长心疼她，说别让她教毕业班了，兼一年初一，轻轻松松地就退休了。这位老师私下里跟我说："任小艾，我从毕业班下来教你们初一的小孩儿，看谁都像我的孙子孙女一样，特别可爱，他们怎么闹我都不急……"班干部们纷纷说："任老师，外语还要考试，老这样不行啊。"我说："那我去听课。"

于是有一天，有一个学生生病没来，我就在课间十分钟坐到那儿——最后一排。还没打上课铃，同学们一看班主任来了，连厕所也不上了，就

安安静静地在那儿坐好，等着上课。

上课铃响了，外语老师出现在教室门口，先站在那儿发了一会儿呆，然后慢慢悠悠地走向讲台前，又发了一会儿愣，才开始上课。讲了十分钟左右，她停下来，问我班同学："怎么回事啊？你们今天怎么这么安静啊？"我从后面看到前面的孩子笑得肩膀直抖，用大拇指向后指。她扫视全班，一眼看到我坐在那儿，然后说了一句让我一生都难忘的话。当时她把手里的粉笔往讲台上一扔，调侃地说："难怪呢，原来是猫坐在那儿呢！"全班哄堂大笑，我羞得恨不得找个地缝钻进去。那堂课怎么上完的我没有记忆，我就记得下课以后，我灰溜溜地跑回办公室，外语老师后脚跟进来了，又补了一句："小艾呀，今天你上你们班听课怕你们班乱是吧？不必了，我教你一个办法比什么都管用，把你的照片放大十倍，挂在墙上。"

说者无心，听者有意。回家后我写了一篇反思日记，题目就是"不要做一个猫一样的老师"。

我开始用心反思。调查研究是第一步。我总觉得我要了解学生在想什么，用无记名问卷的方式可以让学生写出自己的真实想法。

当我看到一张张问卷上写着"不喜欢老师这样的做法，不喜欢老师那样的做法，我们希望老师这样，我们希望老师那样……"时，我开始反思自己哪些方面做得对、哪些方面做得不对。

在反思中肯定自我，批判自我。这是第二步。

第三步是总结。反思之后要认真地总结一下前段时间的工作做得怎么样、哪些工作值得肯定、哪些工作是需要认真思考和改进的。

在总结中我才发现，呀，我很多东西违背了教育规律，我深深意识到，应该去学习！学什么？读教育名著，像卢梭的《爱弥儿》、亚米契斯的《爱的教育》、苏霍姆林斯基的《给教师的一百条建议》，当然还有很多，比如《陶行知全集》、马卡连柯的《教育诗》等都是可以读的。

不学习永远不可能在反思和总结中认识自我。学习之后的下一步应该是什么？就是改变自我。

"学我者生，似我者死"是齐白石老人的一句话。就是说在学习他人的时候不能生搬硬套，而应化众人之所长，创造出新的自我。所以，改变自我的下一步就是创新。

怎么创新？比如说，我在调查问卷中发现我的学生最反对老师的就是请家长。于是，我在班里提出三个原则：第一，决不因为你犯错而请家长；第二，家长会不点名批评任何学生；第三，家访不告状。这三个原则产生了极大反响，不仅把自己推到了一个高度，而且教育成功的案例一个接一个地涌现。因为学生关注你，你就不能再将问题转嫁给家长，要自己动脑筋去解决；因为你在想办法，教育的智慧就会不断涌现。

我们要不断地改变自我，要不断地创新，最后就是提炼和升华，把做的事情、总结出来的原则和做法归纳起来，上升到一定的理论高度。一旦有时机，你就可以充分地展示自我。

（摘自《人民教育》编辑室任小艾班主任工作报告）

【评析】

对于缺乏经验的年轻班主任，模仿是一条必经之路。著名的德国哲学家康德曾经说过："每当理智缺乏可靠的思路时，模仿这个办法往往能指导我们前进。"但这种模仿要摒弃"拿来主义"。面对各种班级管理的方法，除了了解和学习以外，还应该更多思考方法背后传递出来的管理思想。教师的个性不一样，学生的个性不一样，还有班级环境也不一样，这些都注定我们应该根据实际情况来制定相应的班级管理的方法。同时我们既要重视向老班主任学习，也要积极学习年轻班主任的经验，甚至是失败的教训。年轻班主任经历相似，所处环境相似，所教班级情况相似，遇事处理方式也相似，可供借鉴的地方很多。

【延伸阅读】

不要急

我还是对你直说。

无论是对学生的教育，还是自己的专业发展，好多事都不要急。

年轻真好，但是，无论如何不能以为这个年龄什么事都可以去做，也不要以为这些事只要精力足就能做成。

我常常想，虽然有高远的理想，但是以我们的能力和精力，可能一生只能做成有限的几件事，同时还要付出比较大的代价；而即使付出比较大的代价，或许这几件事也没有做到让自己满意的程度。

我觉得你对未来的期待应当肯定，但不能操之过急。

你毕业才两年多，刚刚立足讲台，为什么就要急于报名去参加“赛课”？市里给的名额少，学校没有推荐你去，你闹情绪；一个学期过去了，你还在说这件事。其实，即使派你去，评上一个什么奖，可能也不会为你的业务发展带来实质性的变化。你说，好多大学同学都去了，连水平低于你的同学也得奖了，你觉得自己本可以更有把握……可是，这不正说明那些赛课未必有太大的意义吗？

看到有些青年教师因工作出色受表彰，有了“称号”，你感到自己“进步太慢”，因而自卑，焦急。我觉得你有这样的情绪可能不适合做教师，更不适宜当班主任。很可能的，你自己还是个需要接受心理辅导的青年，你站得不高，你教育别人的“本钱”严重不足。

同事上了一节课受到好评，你为什么会焦急起来？大学同学在专业期刊上发表了一篇教学论文，你看到后为什么不为他感到高兴，却沉默终日，寝食难安？因为没有评上“校文明班级”，你在会后立刻把全班同学留下来，“找差距，定指标，表决心”，恨不能下周就重评一次……

为什么要这么急躁？你在追求什么？教育的一个重要特征是“慢”，教育教学是“慢”的艺术，教师自身的专业发展也需要一个很长的时期（也许直到退休）。欲速则不达，真正的“慢教育”可能比你我想的还要慢，不可能以我们个人意志而转移变化。我们今天所做的一切，必然要在一个漫长的岁月之后才能看到效果。我经常想到：我们今天不可能准确地评价自己，而过高过早地自我评价必定自欺欺人。

我当然不是动员所有的教师都去坐冷板凳。我是想到，今天的体制倡导的一些观念，教师热情投入的一些活动，过若干年一看，也许是滑稽可笑的；而尊重客观规律的辛勤耕耘，没有功利意识的沉潜，才有可能使我们所从事的工作变得有意义。

有位二十多年前的学生后来从事科研工作，我问他：“你现在所做的研究项目大概要多少年能完成?”他说：“我在做博士后阶段就动手了，到现在已经有五年时间，再有十三四年就差不多了。”我很感慨，一个35岁的青年，他在做一件事，这件事将要用去他一生最宝贵的时光，而他根本不去想这件事能不能取得“成果”，也不去想这件事能给他带来什么样的利益，他的注意力全在做好一件事，根本就不去想其他；虽然他周围的人，“做成了”好多事，也有人每年会把子虚乌有的“成果”拿去“申报成果”。听他平静地叙述曾经遇到过的困难和将会出现的障碍，以及他的研究对攻克医学难题“有可能起到的作用”，我就觉得，这是我们应当教给学生的科学态度，也是我们教师应当具有的教育精神。

世界上一些著名的雕塑作品，艺术家经常要用一二十年完成；欧洲有些著名的教堂，建造期长达一二百年。现今的“中国速度”，三天建一层楼，百层高楼一年完工的新闻，也常能看到。而这些建筑再过五百年能不能成为经典之作，就很难说了。你看这些年盖的楼，往往刚造好就被批评，不但丑陋，质量也很差。

教师的工作，很大意义上也是留给未来的。至于我们的劳动价值，可能也得让后人去评说。为了明天的“不后悔”，今天就不要急。

（摘自吴非《致青年教师》）

二、个性化阶段：形成自己的特色

［外在特征］成熟班主任。

［专业发展目标］个性化——班主任在工作中逐步形成自己的特色。能够游刃有余地完成班级各项工作，形成自己在工作方式上的个性与优势，所带班级有特色。

［专业发展问题］有了一定的经验积累，容易墨守成规，容易停留在班主任工作的高原期，难以前进，因而迫切需要进一步学习与提升，走出职业的倦怠与困惑，迈向新的层次。

［专业发展策略］

①克服职业倦怠，重拾激情。

②进行教育研究，提升自己。

③形成个性特色，体验成功。

【案例】

我的危机

毕业至今，已在校园行走了23个年头。岁月熏染着生命的色彩，我走出了一道渐变的虹。

20岁，翠绿色的青春岁月——激情无限，也麻烦无限；创意多多，也跟头多多。翠绿的年龄，鼓胀着激情和活力！

30岁，金黄色的奋斗季节——优质课参赛、论文评奖、学科带头人答辩、职称评定、班主任培训……一层层蜕皮，一步步提升，不知不觉中成长为学校骨干、省学科带头人，奖励证书也塞了一抽屉。金黄色的年龄，诠释着奋进与充实！

不知不觉中，生命走进了40岁，这是一段淡蓝色的宁静年轮——职称评过了，不用竞争了；不再去参赛了，开始做评委了；不再参加中青年教师的业务考试了，开始参加中老年教师的体检了。淡蓝色的年龄，沉静着平和与淡定。

产生危机感，是源自一次实习生的班会。

那是一个瘦瘦弱弱的女孩儿，跟着我实习。实习任务中有一项是设计一堂班会，我就放手交给了她，心里盘算："我暂且歇一会儿吧，大不了耽误一节班会课。"

这是一节以"天道酬勤"命名的班会，主题鲜明突出，课件制作漂亮，特别是论据——"周杰伦的成功背后"——导入巧妙，让学生极感兴趣，让我也感到新奇，我断不知吐字不清的周杰伦还有那么多的艰辛和努力。周杰伦的经历让学生振奋，那个瘦弱的女孩儿让学生亲近。一连几天，学生都沉浸在这个话题中。

我感到了危机，因为我的班会常常是沉着脸说教，学生要么昏昏欲睡，要么一脸不耐烦。我不得不反思：

沉静的淡蓝色，是否少了点儿灿烂和亮丽？

平和的淡蓝色，是否少了点儿激情和张力？

去请教美术老师："怎样把淡蓝色调成翠绿色？"

回答说："需要加点儿黄！黄色，有翠绿的清亮，没有翠绿的刺眼；有淡蓝的沉静，没有淡蓝的暗旧。"

加点儿黄？在学校已被尊为"老教师"，岁月堆积的经验已足以应付工作；从家到学校，从办公室到教室，闭着眼也能走到；备课、讲课，日复一日，教材已经熟得无须备课……该如何突破？如何超越？

我该如何拾回生命的翠绿？

（摘自王莉《拾回生命的翠绿》，选自《班主任其实好当——44位优秀班主任的秘诀》一书）

【专业发展策略1】克服职业倦怠，重拾激情

班主任，这样克服职业倦怠

班主任职业倦怠综合征往往发生在成熟阶段。作为已经带了多届学生的班主任，应该如何应对自己的职业倦怠问题呢?

1. 提高调控能力

除了客观因素外，班主任职业倦怠问题的产生可以说是自我调控能力尤其是心理调控能力不足的反映。心理学中的ABC情绪管理理论认为，如果A是缘起事件，B是信念，C是情绪与行为的结果，那么影响我们的并非事件本身，而是我们对此事的解释。但是很多处于职业倦怠中的班主任往往都认为是烦琐的班务让自己倦怠起来，而不是对班级管理、学生问题的认识造成倦怠的。ABC情绪管理理论提醒我们，在碰到棘手的事情，情绪非常糟糕之时，一定要适时提醒自己:“我对这件事的理解是否正确、是否客观、是否全面?”相信你一旦进行理性分析，就有可能走出情绪的困境。

曾经有一位重点高中的高一年级班主任向我诉苦，说他情绪特别不好，感觉现在的学生特别不好教，大不如以往的学生懂事通情理，付出得不到回报，每天花费大量时间来处理班级事务，让自己身心疲惫，真不想再当班主任了。我让他分析了一下是学生让自己变得情绪糟糕还是自己让自己情绪变得糟糕，为什么过去激情澎湃，今天却如此痛苦，根源何在。经过分析和思考，他得出了较为合理的结论——并不是学生的各种不良行为和习惯让自己情绪不好，而是自己管理和教育学生的方法与对学生的认识和观念导致了自己的情绪问题。

作为一名成熟期的班主任，在学生管理上往往已经有了自己的一些固定化的经验和技巧。这样的经验、技巧有时会给自己带来帮助，不过有时也会固化自己的思维，从而使自己在一些问题得不到解决时，易出现各种情绪化反应。因此，我建议他进行两个改变:多渠道学习，继续提高和优

化自己的带班能力；换一种眼光看待学生和自己。在接下来的半年时间里，这位班主任着重在这两个方面进行了调整和改进，结果班里的氛围有了较大改变，同时他也变得乐观起来。

2. 从心里关爱学生

成功的班主任之所以对自己所从事的班主任工作充满希望，感到幸福，就是因为他们都具有关心、爱护学生的思想境界，把关爱学生作为自己生活的重要组成部分，作为自己主要的精神生活和精神世界。作为一名成熟期的班主任，要克服成长过程中的职业倦怠感，获得幸福感，就要学会关爱学生，使自己在学生的成长中获得快乐与幸福。

关爱的一个最重要的对象就是那些被称作“后进生”的孩子。日常工作中，后进生的问题总会层出不穷，为什么这些问题总是解决不完呢？一位班主任向我倾诉。应该说她还是学校里大家公认的模范班主任，可现在真的失去耐心和毅力了，真的怀疑自己教育学生的能力了。

显然，她对学生无私帮助、积极关爱的激情正在慢慢消退。或者有可能，她的优秀源自把班带好的目标，而不是关爱学生。当我们找到问题的根源时，这位班主任开始着眼于学生的成长。后来常常听到她欣喜地告诉我，某同学开始交作业了，某同学和自己讲了知心话……学生的每一个闪光点都让她快乐，她也经常主动去发现学生的闪光点，并表扬他们，对学生的错误尽量多一些建设性的批评。对自己过往的一些教育方式、方法进行了思考和改进，让她成功地突破了班主任专业发展的高原期。

3. 重新设定目标

人的一生是奋斗的一生，如果没有奋斗目标，不管干什么事，时间久了都会不思进取，产生厌倦情绪。有两辆出租车，一辆满载着乘客，一辆没有乘客，你认为哪一辆车更容易出车祸？满载乘客时司机会更加小心谨慎，驶向目的地，而没有乘客时司机反而不易集中精力。由此可见，我们应有自己的目标和追求。

在和不少成熟期班主任的交流中，我发现他们经常会这样感慨：以前带好班就是为了评职称，提升一下工资水平，现在这些都得到了，再没有什么需要去追求的了，可还是要处理各种层出不穷的学生问题，真是不胜其烦。当一切按部就班，学校要求做到的尽力完成，学校没有要求的决不“没事找事”时，职业倦怠感就会不期而至。其实，在各种班主任经验交流会上做主题交流的班主任都具有一个共同的特点——他们对自己带班后要从哪些方面发展和成就自我都有所思考和规划。所以，当我们的生理、安全、归属、尊重四大需要都得到较高满足的时候，追求自我实现的需要就是自然而然的目标。

作为一名成熟期的班主任，要想使自己的价值得到真正的实现，就需要根据自己已有的成就和能力，制定切合自身实际和可能的目标。不妨从现在开始，思考一下自己要在哪些方面获得成长，要在哪些方面取得突破，要在哪些方面实现自己的价值。我想，如果每个班主任都有这样的思考，并把具体的终极目标和近期的小目标都制定出来，罗列在纸上，贴于办公室或书房，时时朝向这些目标去努力，那么人人就都可以带出独具特色的班级来，并在一定范围内取得令人瞩目的成绩，实现自己的人生价值。

（贵州省贵阳市第一中学　袁章奎）

【评析】

李镇西说过：“班主任幸福感的丧失是由于厌倦感的滋生，而厌倦感的滋生，主要源于两点：远离学生，拒绝变化。远离学生，不是指在物理距离上远离学生，而是指班主任和学生的心灵距离在拉大，学生在我们眼前成了物，是分数，是试卷，是学习和考试的机器！拒绝变化，指的是一切都喜欢按经验办事，总希望以不变应万变，或者说总希望学生适应自己，而不是自己去适应已经变化了的学生。学生的变化折射的是社会和时代的变化，不愿跟上社会和时代变化的老师，面对前所未有的教育难题，很容易束手无策。”职业倦怠对于绝大多数成熟期的班主任来说，似乎是个绕不过去的话题。有两个观点与大家分享：一是职业倦怠不是班主任的专利，在任何职业中都可能出现；二是很多杰出班主任的教育人生中，从未出现过倦怠两个字。所以，职业倦怠不应成为我们不思进取的借口。

【专业发展策略2】进行教育研究，提升自己

教育科研成就了我

曾经在很长一段时间里，我感觉教师工作，尤其是班主任工作枯燥无味。我所在的学校地处县城，教师之间的关系比较复杂，很多学生说话、做事都非常冲动，家长更不用提了，个中滋味只有自己知道。一次和校长的攀谈，改变了我的思想。当时的情景至今历历在目，那是一个春天的中午，在学校值班后和校长闲谈，无意中说到自己的境况。校长无意间说了这样一句话："每个人都从你这个年龄经过，有疑惑和困难是正常的，但如何应对只有你自己能把握，一个人走上坡路很难，但走下坡路不需要任何努力，你的思想和态度决定你今后的人生道路，这种思想和态度包含在生活和工作中的每一件事中。"就是这样一句话，让我回味和揣摩了许久许久。

转机是在一次科研学习中开始的。学校分配下来一个教育科研课题的任务，许多老师都不愿意做，校长问我愿不愿意做，我当时只是模糊觉得："应该干。"于是，我利用课余时间，认真学习有关教育科研的知识，并主动到县教体局教研室去请教教育科研的方法和策略。了解到基本的思路之后，我又联系学校里另外两个班主任，经过一周的探讨，最后确定了"家庭、学校、社区'三位一体'培养小学生良好思想道德品质的研究"这样一个课题。经过两周的努力，课题审评书出炉了。拿到立项通知书的那一刻，我激动得彻夜难眠，绝不亚于当年拿到师范学校录取通知书时的心情。

然而，教育科研远非我想象的那么容易。同事的冷嘲热讽且不说，研究开始不久就出现了重重困难。我采用的方法是调查法和观察法，这两个

方法相对来说比较容易，可是增加了许多工作量。为了掌握科学的数据，几乎每节课我都要到教室进行观察、了解（现在认为是经验不足所致）。那两个老师做到第三周时再也做不下去了。怎么办？我决定以我班为主，他们班为辅，对方案进行了更改，缩小研究范围，并且把制定问卷调查表、跟踪研究学生在品行方面存在的主要问题及问题产生的原因与对策，定为研究的主要内容。经过不懈努力，经过一年的研究，课题终于开花、结果了，我的研究成果获得了市一等奖。那一刻，我找到了自己的职业归属感。

有了第一次的甜头，从此一发而不可收。随后，我根据自己在工作中发现的问题，又申请并主持了几个国家级和省、市级课题，均获得了良好评价。

进行教育研究后，我不仅撰写出优质的教育论文，而且有许多意想不到的收获——我的班级管理更加顺手，领导在学校推广我的一些做法，家长、社会的反响都不错。我还多次获得县教体局、市教育局等上级行政部门表彰，被聘请到学校政教处和教科室工作，同时被县教科所聘为县学术委员会委员。回顾自己的成长历程，我认为是教育科研成就了自己。

（河南省方城县城关镇第三小学　张晓建）

【评析】

苏霍姆林斯基说："如果想使教育给教师带来欢乐，使每天的上课不至于变成单调乏味的义务，那就请你把教师引入研究的幸福之路。"教师要从职业倦怠中走出来，就要让自己有成长的动力，让自己走研究之路，走追寻个性之路。我们可以申请做一些班级管理和学生教育的课题研究、个案分析等，并让这些成果发表出来，参与评奖。在这个基础上，总结、形成带有个性风格的带班模式，从而就可在分享和同行的认可中获得成就感。

【专业发展策略3】形成个性特色，体验成功

形成自己的带班特色

2007年9月，我开始上网，同时，接受学校安排，接手了一个初一新班。最初两年，我的生活模式基本上是白天工作，带班、备课、教学；晚上上论坛，读书、写作、参加“半月谈”研讨。网上获得激情，网下转为智慧；网上获得提升，网下付诸实践。我渐渐摸索出一套轻松而高效的班级管理方法。

在班级管理中，我根据实际情况，每个阶段策划一个主题，或搞一次活动，或提出一个口号，或贯彻一种思想，使学生有一个明确而具体的目标，在班里刮起一阵风，掀起一阵潮，让积极者裹挟消极者，让先进者带动落后者，全班大踏步往前走。

工作的关键是阶段性主题的策划。策划要有针对性，不同的阶段，学生会有不同的特点，班级会存在不同的问题，脉把准了，开的方子才灵。

初一，学生刚从小学进入初中，功课突然增加，作业量加大，许多学生招架不过来，不会合理安排时间，也不知道巧妙利用时间，要么作业完不成，要么熬夜太厉害。于是，我策划了一个“三分钟实验”的小班会—— 一分钟写字，一分钟抄英语单词，一分钟扫地，然后进行具体统计。学生很认真地计算着，结果让他们大为惊叹：“哇！一分钟能写这么多！走廊的地能扫得这么快！”

“对呀，”我总结说，“因为这三分钟我们是专心致志的，而平常做事是三心二意的，你的时间就这样悄悄地流逝了。”从此，多数孩子开始学习好好利用时间了。

初二，是青涩的年龄，于是，我及早开了一个“女生会”，给她们理智分析，真心忠告：“人生是分阶段的，每一个阶段有每一个阶段的任务。它像一列列车，轰隆隆地向前奔跑，你发现一个小站的风景很美，于是下了车，停留不前了。但是，你不知道，前边还有更美的风景！过早的迷恋，

会误了你一生的幸福。”生病前先打预防针，永远比生病后输液、开刀便宜。

…………

就这样一步步地，我们“牛气哄哄”地闯到年级前列。

（河南省安阳市第七中学　王莉）

【评析】

成熟期的班主任，经验已经足够多，可是也会有经验失灵的困惑。这一阶段的班主任，应该将特色化作为追求；应将自己的经验上升为模式，将个别上升为一般，形成具有个性特色的带班模式。与其说这是一个经验的问题，不如说这是一个对自己的认识问题。如果突破了“我要到哪里去”的问题，这个阶段便算是顺利度过了。

【延伸阅读】

发挥特长，走向成功

有一次，辽宁省中学历史教研会在我们盘锦市实验中学召开，会场内的横幅上写着：“学习魏书生教改经验，深化历史教学改革。”

会议总结的那一天，我在会上发言的主题是教师发展特长的问题。

就课堂教学的形式而言，我衷心希望大家千方百计发展自己的长处，千万不要都来模仿魏书生的“六步教学法”。有的老师擅长讲授，他讲历史课，好、中、差学生都非常愿意听，兴趣浓，注意力好，边听边理解边记忆，老师讲的知识入耳入心，在大脑皮层上留下较深的痕迹，学生考试成绩好，那就证明这位老师的“讲”是成功的，他还应该讲下去，还应该发展“讲”的长处，讲得更生动、形象、科学、系统，讲得更有趣、更吸引人、更迷人。他不应该看了魏书生上课很少自己讲授后，也不讲授了，也去组织学生讨论。那样丢了自己的长处，再学一种方法，即使成功，也会多花许多时间。

有的老师擅长写，字写得漂亮，还会绘画，板书设计极吸引人，学生像欣赏艺术品一样欣赏、研究他的板书，在欣赏、研究的过程中，学生很容易便理解了历史事件复杂的起因，记住了历史人物、大事年表等知识。学生学历史兴趣浓、成绩好，显然老师“写”的长处起作用了。这样，老师当然应该继续发展写的长处，写得更科学、更艺术、更迷人，而无须学魏书生一堂课有时只有十几个字的板书，自己回去也很少使用板书了。

也有这样的老师，不善讲，有人听课就脸红；不善写，练了十几年字，字还是写得歪歪扭扭。但他不自卑，因为他有一个长处——善于个别辅导。无论教什么班级，好、中、差学生一经他辅导，都学有动力，学有目标，学有方法，学有兴趣。他教不长时间，各类学生都有明显进步，这就说明他的“辅导”功夫过硬。他努力发展辅导这方面的长处，写出论文，写出专著，那么，尽管他讲得不好，写得也不漂亮，但他完全可能成为辅导方面的专家，成为特级教师。

那么，能不能说擅长唱的老师就可以在课堂上唱起来呢？

会场上一阵笑声，大概是大家觉得不可能吧。

这时省历史教研室崔主任站起来说：“我就接触过这样一位老师，他善于唱，把知识点编成唱词，一上课就唱给学生听，教学效果非常好。”我想学生上这样的课一定感觉是一种享受，课前盼望着老师快些来，课上听着老师讲，欣赏着老师的唱，思考着老师的唱词，下课了，不愿让老师离去，考试成绩好。这位老师能因为学魏书生的“六步教学法”，发现魏书生上课并不唱，于是他便也抑制了自己“唱”的长处，由一位有特长的老师，重新变为平常的老师吗？这样学习显然是片面的，还不如不学。

我不是主张不向别人学习，而是主张坚持自己的长处，学习的目的是发展，而不是抑制自己的长处。一个人有很多长处，当然好。长处不多，只有一点儿，只要努力发展，同样能取得突出成绩。

我 18 岁下乡，19 岁当班主任，跟几位年龄大的学生只差一两岁。没经过师范训练，不会班级工作，我承认自己的不足，但也不自卑，便努力寻找自己的长处。

我发现自己的长处是善于商量，班级纪律不好，找班干部一商量，大家帮我想了许多办法。用这些办法维持纪律，班级秩序比以前好多了。我不会开主题班会，又和学生们一起商量，大家帮我想出了提高班会质量的好办法。个别学生学农劳动时不积极，我和学生们商量出了开展劳动竞赛的办法，极大地调动了学生的劳动积极性。

凭着善于商量的长处，我这个从没有带过班的人，居然使班集体有了极强的凝聚力。后来，离开农村到工厂，又回到学校教书、当班主任，我一直记着自己这一点长处，并努力发展这一点长处。

当了书记、校长，我也是凭着商量这两个字，最大限度地调动全体教职员工的积极性。六年多来，大家齐心协力，使学校面貌发生了较大的变化。

（摘自魏书生《魏书生班主任工作艺术》）

融入“共同体”中

这里的“共同体”有点儿像过去说的“集体”，但超越了集体的意味，因为过去的集体里“没有自己”。共同体是让你“既有自己，又提升自己”，身处其中，更多的是处理好个人与团队的关系，更好地学习、提升。

好多人都讲过《铅笔的故事》。

铅笔即将被装箱运走，制造者很不放心，把它带到一旁跟它说：“在进入这个世界之前，我有些话要告诉你，如果你能记住这些话，就会成为最好的铅笔。第一，你将来能做很多大事，但是有一个前提，就是你不能盲目自由，你要允许自己被一只手握住；第二，你可能经常会感受到刀削的疼痛，然而，这些痛苦是必需的，它会使你成为一支更好的铅笔；第三，不要过于执着，要承认你所犯的任何错误，并且勇于改正它；第四，不管穿上什么样的外衣，你都要清楚一点，你最重要的部分总是在里面；第五，在你走过的任何地方，都必须留下不可磨灭的痕迹，不管是什么状态，你都必须写下去。要记住，生活永远不会毫无意义。”

在任何团队，我们都要做这样的铅笔。只有被一只大手握住，你才能书写生命的记忆。没有环境也就没有磁场，“学习的笔”就会散漫无边，你就会一事无成。因此，我们必须融入学科组或学校的“场”，去感受它的强大力量。我们的学习需要严肃的约定，绝对不能“怎么都行”。融入共同体的学习，就是要摆脱“独学而无友，则孤陋而寡闻”的局限。没有共同学习目标的集体是一群“乌合之众”，他们随时会被其他人征服，更可能被自己的惰性征服。同样，一所学校没有共同的“精神话语”，没有共同的事业追求，将会成为尔虞我诈的角斗场。一旦学校的天空没有精神诉求，身处其中的教师和学生自然难以有真正的幸福。

在我们周围，你会发现一些没有共同体的学校：“一些事没人做，一些人没事做。没事的人盯着做事的人，议论做事的人做的事，使做事的人做不成事。一些没事的人总是没事做，于是滋事闹事，使得做事的人不得不做更多的事，或者干脆就不做事。结果好事变成坏事，小事变成大事，简单的事变成复杂的事。”这对我们是一种提醒、一种警示。一所学校的成功，不是因为一大堆人各做自己的事，构成一个结果，而是因为一群人向着共同的事业目标，不断学习、进取，形成一种合力。

从这个意义上说，教师如果没有融入一个共同体的热情或经历，而只是一个自我感觉良好的“套中人”，他就不可能走进学生的心灵世界，也不可能为学生的发展做一些真正有意义的事。教师们各干自己的事，或把工作当作完成上级布置的任务。这样，教师自然无法找到幸福感，更谈不上彼此分享。这样，我们将在“自以为是、各自为政”或“得过且过”中，丧失自己的“命业”。

（清华大学附属小学　窦桂梅）

三、核心化阶段：成长为有辐射影响力的班主任

［外在特征］专业班主任。

［专业发展目标］核心化——成长为有辐射影响力的班主任。更多地关注学生的长远发展，同时输出自己的经验成果，能够影响他人。

［专业发展问题］这个时期的班主任达到了见招拆招的层次，无论遇到什么样的情况，都可以对付，班级和学生都在自己的掌握之中。这个时期的班主任，需要关注人。一是关注自己，要做教育者而非管理者；二是关注学生，关注学生的人生而非成绩、纪律，让学生因你而获得人生的幸福；三是关注他人，要主动自觉地影响身边的人，甚至更大范围的群体，一起追求真正的教育。

［专业发展策略］

①着眼人性发展，践行科学民主。

②分享教育经验，追求共同发展。

【案例】

跌入困惑

这一年，幸福来得比较猛烈，半年之内，我成了《班主任之友》《班主任》《中学政治教学参考》的封面人物，轻狂的我为此滋生过些许得意、些许自满，差点儿“沉醉不知归路”。幸好能时时看到 QQ 上“任他风浪，我自逍遥”的签名，也能常常想起“成熟的稻穗才低头”的警句，我连忙“急刹车”，以免走上迷途而不自知。于是静下心来，细细思寻，此刻的我是否忽视了成长中的一些“暗礁”？这些“暗礁”隐没于水下，不易察觉，若不留心，还没等我看到迷人的景致就已使我“触礁”或“搁浅”，从而使自己的教育生命“空载”。不可小视啊！于是一遍一遍梳理，一次一次叩

问：我成长中的“暗礁”何在？

1. 摇摆在“坚守”与“迎合”之间

在一次公开班会课后，看着听课老师个个凝重的表情和略带失望的脸色，我读出了其中的内涵——该课一定不讨巧。回想以往，每次公开课总能收获很多赞誉，而这次的遭遇让我有些失落。课后评课时，他们大多感慨：“不够热闹，怎么不见你搞一些花样，设计一些新颖的活动？须知你是以设计活动见长的呀，我们来就是想看看你的活动，好直接拿回班里用！”他们是一番好意，却未曾体察我的苦心：看着身边众多班会课日益“浮华”，我多想让它们洗尽铅华回归本真，让它们简于形而精于神，在平常中蕴涵智慧，在简单中孕育深刻！那堂课就此成了我的“痛”，让我开始摇摆、纠结：我是该坚守自己，忠实于自己的内心，还是该奉行中庸之道迎合听课老师的口味？

2. 徘徊在“自觉”与“被动”之间

我一度羡慕住在森林公园里的一对夫妻，那里有清新的空气，有幽静的林间小道，有怡人的鸟语花香。而他们却羡慕我，因为城里有的是繁华与热闹。细细想来，我和他们一样，都缺失了一颗善感的心，认为“熟悉的地方没有风景”。眼下，我的个人专业成长也正面临着这样的“岔口”——在平常的教育教学事务中做“惯性”运动。这让我清醒地认识到，自己曾有过的一些成绩在很大程度上来自外部的压力，这是一种被动的进步，缺乏专业成长的自觉意识。无怪乎，情绪有时会“再而衰”，憧憬有时会朦胧，激情有时会冷却了。

3. 行走在“理论”与“实践”之间

一次，一位专家对我们进行理论上的谆谆教导—— 一定要从教育实践中抽取“放之四海而皆准”的具有普遍适用性的东西，然后将这种普适性的东西放回到实践中，指导实践。在我还未深解其意时，就头脑发热，热切切、急匆匆地对复杂的教育问题进行了粗糙而肤浅的归类，试图超越教育的具体条件和内容，从中得到普适性的东西，却忽视了教育的创造性、复杂性、灵活性和无穷可能性。就这样，我在实践和理论之间穿行，陷入二者之间的“空隙”，犹如入阱困兽，苦苦挣扎却越陷越深；也像窗上的蜜蜂，前途光明却找不到出路。

（浙江省杭州市天杭教育集团　郑英）

【专业发展策略1】着眼人性发展，践行科学民主

班主任的类型

给班主任分类很困难，我大致上是按其工作的基本风格（班主任的角色意识和影响学生的主要手段）来分类的。

1. “班妈”型

这种班主任总是把“爱”的旗帜举得高高的，把爱的气氛搞得浓浓的，无论遇到什么问题，他们都诉诸感情，求助于“爱”。他们活脱是一位“亲妈”，眼巴巴地盯着一帮儿女，喜怒哀乐搅成一团。

这种班主任领导下的班级，其班风是情绪性的，一切都围绕师生关系旋转，各种活动均靠“爱”来推动。如果弄得好，班级会显得很团结，多数学生与老师感情保持一致，听老师的话。但因为教师对学生的爱极难做到绝对平均分配，其中不可避免要夹杂教师个人的好恶，所以这样的班级里，学生之间常常会发生争夺“班主任之爱”的矛盾，类似兄弟姐妹争宠。若遇到一些对班主任的爱不领情的学生（个性如此），这个班就可能弄不转，班主任会很寒心，无奈之下，他就有可能转而求助于“严格管理”，把手中主要的武器“爱”换成“权力”，于是他就变成了“班官”型班主任了。“班官”型班主任与“班妈”型班主任，常常互相转换，而且两者常常混合在一起。

教育学生的过程并不等于爱学生的过程，教育的含义要比“爱”宽阔得多，深厚得多。

对这种班主任，应该告诉他们，爱当然是需要的，但班主任工作主要靠爱是不行的，班主任工作需要专业技术，而爱，不能算专业技术。学生家里已经有一个妈妈了，如果学校的作用只是给他增加一个妈妈，那也太不够了。这种班主任急需补“教育科学”的课。

2. “班官”型

这种班主任主要靠“监督、检查、评比”等管理方式来工作，他们给自己定位的角色是学生的“上级”、学生的管理者，往往热衷于制定各种条条框框，热爱指标，喜欢板上钉钉的要求。他们早来晚走，不错眼珠地死盯着孩子，高密度地使用赏罚手段，摆出的是一副和学生拼到底的架势，学生没奈何，只好就范。于是各项工作井然有序，颇见成效。

“班官”又可以细分。比较公正的是“清官”，偏袒“好学生”、偏袒父母有势力的学生的为“昏官”；恩威并施、表扬批评兼用的是“好官”，一味批评惩罚请家长的是“酷吏”。“班官”们的形象也是丰富多彩的，有时看起来像经理，有时看起来像警察，有时看起来像法官，有时看起来像救火队员，有时看起来像牧师，偶尔也像个和蔼可亲的长辈，但其头顶上总是隐隐约约露着一角乌纱帽。这是他们主要的角色认同。

鉴别“班官”型班主任的主要办法是询问学生的感觉。如果班级多数学生都觉得班主任首先是自己的“顶头上司”，是领导自己的人，那这位班主任就基本可以认定是“班官”型的。

“班官”型班主任中有不少人完成上级任务很出色，甚至被评为优秀教师，但他们的工作有很大弱点——管理压倒教育，管理代替教育，没有深入学生灵魂，教育的效果往往是表面的。由于学生一代比一代难缠，他们的管理正受到越来越大的阻力，有人甚至已经穷于应付、束手无策了。特别值得注意的是，酿成教育突发事件（学生自杀、教师对学生施暴、学生或家长对教师施暴）的班级，班主任往往就是“班官”型的。因为官僚主义最容易激化矛盾。

这种班主任急需转变角色意识，他们要明白，自己首先是一个教育专业人员，而不是“管人的人”。

3. 鼓动家型

这种班主任主要靠“煽情”来工作。他有个人魅力、知识和才能，他们给自己的角色定位是要做学生喜爱和钦佩的人。

他们性格外向，热情四射，口才上乘，有一定表演才能。他们凭三寸不烂之舌，能把学生一会儿说哭了，一会儿又说笑了。如果你能引领学生的情感，当然你也就能引领学生的行动，于是我们就看见他的学生常常热泪盈眶地追随在他们后面，像被催眠了一样。他们和学生的关系，有点儿像歌星与粉丝的关系。

这种班主任往往能把工作做得很好，把班级带得有声有色。这种人在班主任中比例很小，因为不是每一个班主任都有他们这样的鼓动才能的。他们的工作经验，别人也很难学习，因为往往带有很强的个性。还有一个问题是，他们带过的班，别人不大好接，一旦后面的班主任才能不及他，或者个性差别很大，学生就可能抵触。

不过我觉得这种工作风格无可厚非。我希望校长们不要打击他们，不要非把他们的个性“磨平”，应该允许他们发扬个性和个人魅力。当然，同时也要引导他们注意提高工作的科学性。科学性和艺术性，是可以很好结合的。

4. 领袖型

这种班主任主要靠活动来工作，他们给自己的角色定位是“带领者”、“组织者”、“统帅”。

他们是鼓动家，更是组织家和活动家。他们的拿手好戏是不断地组织学生进行各种各样的活动。在活动中凝聚集体，在活动中形成正确舆论，在活动中冲刷存在的问题，用活动裹挟差生前进。他们领导的班级往往充满生机。

领袖型班主任的班级，一般都是优秀集体，班风往往有明显特色，班级凝聚力强，学生集体荣誉感强，集体温度高，这在比赛中尤其表现得鲜明。

领袖型班主任与“班官”型班主任都强调行动，二者的区别是：前者侧重“发动”群众，而后者侧重“管理”群众。

这种班级比较容易出现的问题是，学生的个性可能受到压抑。这种班级往往非常强调“齐心合力”、“步调一致”、“为集体争光”、“不给班集体抹黑”，当一切都从集体出发而且以集体为归宿的时候，教育培养学生个性的任务就会被淡化甚至被遗忘，于是班级的性质就变了，与其说它是一个帮助每个学生成长的“花园”，不如说它是一辆冲向特定目标的“大卡车”，而手把方向盘掌握目标的则是班主任。

鉴别这种班主任的方法是，你和该班学生聊天儿，如果发现他们说话几乎都是一个调子，甚至使用词汇都比较统一，而且大家谈的常常都是集体的目标，较少说到个人感想，那我们就可以判断，这个班的班主任是领袖型的。

5. 导师型

这种班主任主要靠思想影响和人格魅力来工作，他们给自己的角色定位是学生人生的指导者。

他们有自己独立的教育思想，个性非同一般，人格魅力过人，有特殊思路，会用班干部。他们能把学生迷住，学生甘愿为老师赴汤蹈火。

他们的威信往往高到令学生“迷信”的程度。这样，他们就可以摆脱一些俗务，很多事情只要“运筹帷幄”，甚至“遥控”就行了。

这种班主任是有思想的，他们对人生、对自己的成长之路有相当深入的反思，而且往往认定自己的成长之路值得推广，于是他们就有意无意地在学生身上复制自己的成长过程，推己及人。他们和学生的关系有点儿类似教主与信徒的关系。

指导人生当然是很好的，这是班主任的分内工作；学生崇拜老师也是可以理解的，这种老师肯定有值得崇拜的地方。问题是，如果这种崇拜形成某种狂热，导致迷信，导致排他，导致封闭，那就对学生成长不利了。班主任的任务是为学生提供一个优良的成长平台，对学生成长的大方向做正确引导，而不是过于具体地为学生设计成长路线，在一个开放的社会里尤其要注意这一点。

6. 科学家型

他们主要靠科学来工作，他们给自己的角色定位首先是学习者和研究者，其次才是学生的领导者和组织者。

他们对学生，第一是尊重，第二才是爱。他们遇到问题，总是采取研究的态度，进行诊断，然后拿出解决方案。对他们来说，学生不但是朋友，而且是研究对象。对他们来说，工作本身也是一门科学和艺术，是研究的对象。更重要的是，对他们来说，自身也是研究对象，他们很注意经常反思和梳理自己的思路。

对这种班主任来说，教育首先不是一种任务，而是生活本身，班主任首先不是一个职务，而是一本需要阅读的书。他在关心学生成长的同时关心自我实现，在教育学生的同时超越自我，如果学生变了而他自己没有变化，他对这种“成绩”是不满意的。班主任工作在他们看来是一群年龄小的人和一个年纪大的人之间的交流、互动、互相影响，很难说是谁在“教育”谁，只不过因为职务关系，因为年龄、知识、经验的某种优势，老师对学生的影响稍大一点儿而已。

他们与学生的关系，类似成人与成人的朋友关系，温暖、理智、平和。

如果我们见到这样的班级，我们会发现学生对老师尊重而不迷信，师生和谐而不统一。学生并不刻意和老师保持一致，但是也不刻意和老师唱反调，师生都遵守共同的人际关系规则。这种班级不会“团结得像一个人一样”，但是也不会分裂，它在动态中实现了稳定，这是一个个独立的人的自由联合体。在学生的心目中，这种班主任是个普通人，但是学生比较喜欢听他的建议，因为他热心而少干预，指导而少控制，而且富有智慧。

这种班主任有没有弊端呢？有。我相信他们在现行体制中不大容易被评为“优秀”，说不定他还会遭到一些非议，比如“管理不严”、“迁就学生”、“集体主义教育不够”，甚至“不负责任”。另外，这种班主任的态度十分冷静，或许对小学，尤其是小学低年级的学生不大适用。教育小学低年级的孩子，情感色彩还是浓一点儿为好，这符合他们的心理特点。

上述六种类型的班主任，虽然各有弱点，然而总的说还都是值得肯定的。完美的班主任并不存在，我们应该允许甚至提倡各种类型的班主任自由竞争，这样才有生气。

（摘自王晓春《做一个专业的班主任》，有删减）

治理有方≠教育有道

当年，我校有幸请到一位当时很有名气的“教育家”来给我们讲学，教我们如何做老师。一些细节都忘记了，唯有这位“教育家”讲的一个案例到今天还记在心中。她的案例如下。

班里有一个男生和一个女生早恋了，于是我想办法，先找男生谈话，让男生每天汇报女生的一个缺点；再找女生谈话，让女生每天同样汇报男生的一个缺点。如此一来，男生眼中的女生毛病越来越多，女生眼中的男生问题越来越多。最后，哪里还有什么心思搞早恋呢？……

当时作为听众的我，听到这么高超的“治服”学生早恋的“奇术”，甚是佩服这位“教育家”，于是就随了大家拼命地鼓掌，一边鼓掌一边与同事们交流：听听，专家就是专家，管理学生就是有高招儿，看来我们得学着点儿呀。

因为服了专家，所以就仿照专家的做法开始“治理”学生。一学百通，花招儿不断：让早恋的学生相互“恶咬”；让学生“相互秘密揭发对方的错误”；在班里培养一些“特务”，大搞“特务统治”；诱骗学生说出自己的

“罪行”，然后再狠狠地处理学生……学会了这些奇招儿，治班果真就取得了效果，当时还暗自得意：当老师现在算是入行了，拿手了。

岁月流逝，对一些问题有了清楚的认识，回头再看自己的工作，便会觉得脸红心臊——让相互倾慕的孩子相互破坏对方的形象，化美为丑；让互无隔阂的孩子们相互揭发，失去信任，人人自危；诱骗学生交代错误，然后将诺言当谎言，出尔反尔狠整学生……这些事我做得对吗？不对！我的管理方式已经失去了善意，竟然是“恶毒”的！曾经有一次“偷听”学生谈到他们给我下的“定义”，我近乎“疯狂”地将这两个坏我名声的学生狠整一顿。现在想来，我那时治理班级的诸多行为确实是太“阴”了，我却意识不到，还自认为“治理班级有方”呢，竟然还在一次“班主任经验交流会”上极力推销自己的“阴招儿”。

偶尔遇到曾经被自己整治过的学生，他们见了我如同路人，这让我很羞愧。但我不怪他们，因为我曾经很“阴”地伤害过他们。也有中过我“阴招儿”的学生见面时能热情地尊称我为老师，并且叫得很亲切、很真诚，他们似乎早就不在意我施过什么“阴招儿”了。这样的学生不但让我羞愧，而且让我心慌：他们越是这个样子，我越是觉得亏欠他们太多……

班主任教育学生时要以善意为本，我们在包容所有学生时，也就等于在成就自己的善良。达到了这样的境地，就说明班主任思想已经合格，并且朝着高尚的方向前行了。为了学生的人生幸福，要做一个教育者，而非单纯的管理者。

（山东省莒南县路镇第一中学　史峰）

【评析】

在教育中看到人是一种境界，能以此为基点塑造人更是一种境界。“学生在青少年时代读什么书，思考什么样的问题，将决定一生的精神高度。教育要让学生追求诗意的人生，不仅需要诗，还应该有琴声，有树，有虹，有梦。”（吴非语）着眼于人的发展，将使我们追求更高境界的教育，而不是将教育简单等同于管理。

【专业发展策略2】分享教育经验，追求共同发展

我的教育风格和教育思想

2004年，我被评为南京市优秀班主任，但是这个如鸡肋一样的荣誉并没有给我的工作、生活带来太大的影响，我的个性化的教育风格仍然不被传统思想所接受，我如同被困在茧中，始终不能破茧成蝶。获得优秀班主任称号，不过是因为我做班主任年限长（当时规定要10年以上，而那时我已做了12年班主任）、带的班级班风比较好，加之写过一些教育论文，仅此而已。我的幸福感仍然主要来自我的学生。

2007年下半年，在我做了16年班主任，已经从班主任岗位上退下来的时候，发生了两件事；没有这两件事，可能就没有现在的“老板老班”。

江苏省发行量最大的报纸《现代快报》的一位记者应邀到我们学校采访，想对我校的美术特色做一个报道。但是无论我们怎么介绍，记者似乎并不在意，我随口说了一句：我不仅在班里教育学生，还利用网络对学生开展了一些教育活动。这句话让记者眼前一亮，没想到我2004—2006年进行的网络德育探索具有很高的新闻价值。所以，我们所做的任何事，也许在今天看来并无多少价值，但是，只要有价值，它迟早会被发现。也就是说，教育不能带有功利性。

记者的采访很快就从学校转移到了个人，我第一次发现，一些在我们班主任眼里经常发生、再平常不过的小事，在一个“外人”眼里却是那样神奇，而且这位“外人”并非外行，而是一个从事教育专题报道的资深记者。不久，一篇占据两个整版、类似于报告文学的专题报道，让我的教育完全曝光并引发了社会的广泛讨论。我惊讶地发现：所有的人都在关心教育，谁都可以对教育说上几句，但是真正了解教育是怎么做的人实在是太

少了。很多人对教育的理解还是来自自己读书时的体会。此后多家电视台做了我的专访，对我冠以“网络明星教师”、“非典型教师”等称谓，我的网名“老板老班”从此为人所知。

这样的经历让我有所感悟，在过去十几年的时间里，因我自身的原因，很多精彩的教育案例和片段都没有记录下来，而现在到了理性思考、总结提高的时候却没有案例。为此，我重新建立了博客，开始原始积累。一年多的时间里，一共三百多篇日志，其中不乏精彩之作。这让我有大量的案例去总结、反思。

此后不久又发生了一件事：领导让我中途接手了一个最差最乱的班级。这个班级成为我实践教育思想的阵地，我建立了“老板老班的博客”，开始系统地记录这个班孩子的成长历程。

很多事情我们在刚开始做的时候不一定很清晰地知道意义何在、能做多久、能走多远。但是在做的过程中不断改进、修正，渐渐地由感性认识上升到理性思考，再到有步骤、有规划地做，目标开始明确，计划性变强，效率也就高了。随着我的教育故事通过网络流传开来，被越来越多的人关注，我开始意识到自己的教育风格和思想是有一定价值的，而且顺应了时代发展的需要，于是我开始思考、总结、完善我的教育思想体系。

我越来越感觉到教育不分贵贱、不分大小，不能自己看轻自己，认为班主任工作可有可无，或不能做出精彩的文章。于是我在博客的首页写下了一句话：利用小小的班级进行着伟大的教育实践和探索。现在，我的博客在三家网站同时公开，江苏都市网特别邀请我把博客开到他们的网站上并予以重磅推荐，越来越多的人开始从网络上了解我是怎样做教育的，我也试图通过文章“还教育本来的面目”，因为我认为现在的很多教育方法从指导思想上就是有问题的，打着教育的大旗，做着摧残青少年人性和心理的事。我的努力如果能给一些人带来一点儿启发，能帮助一些人走上正道，也算是没有白费吧。

（江苏省南京市第三高级中学　陈宇）

【评析】

“在这个世界上，需要提高的人实在太多了。我觉得，对我来说，首先要做好自己，自己不能变成狭隘的人。另外就是教育好我的学生。最后，让志同道合者和我一起提高。我觉得每一个人都很渺小，不过，对渺小的我来说，能把自己的温暖传递得稍微远一点儿，就传递得远一点儿；实在传递不了，我也不泄气。”（谢明尧《走进学生的心灵》）这种试图影响他人的教育追求，能使我们体会到更深层次的幸福。

【延伸阅读】

那故事是我的

有些话，私下里说不会伤人，也不会造成误会，我就直说了。我觉得你的学习观可能不一定正确。你说读谁谁谁的书，觉得他的研究才有价值，有那么多高论闻所未闻；你说听过某“大师”的课后觉得自己从此不配教书……你当了十年教师了，怎么可以把自己的实践贬得一文不值？这种虚无的态度，会使你在以后的工作中妄自菲薄，自我矮化教学实践的意义。

我们应当尊重理论，但是过于崇仰理论家，也有可能丧失自我。

近十年来，一些教师热衷于总结标树自己的教学理论和教学法，好像成了一种风气。有时打开报刊，看到那么多一线教师被冠以“大师”、“专家”和“学者”头衔，我就比较困惑。我对一些相识的教师朋友直说：理论家已经够多的了，我们就不必去冒充了。我们最重要的工作价值在于实践，教育工作也不是单纯地为了验证理论。同时，教育理论也是在教育实践的基础上逐步向前发展的。对教师而言，他的最高境界就是在实践中创新。

我们不要忽略自己的职业作用，每一位教师的教学故事都应当是独一无二的。

1985 年至 1987 年，我几乎每天都写教育教学笔记，这些笔记短则三五百字，长则千余字。写这些笔记，是感受到了工作的趣味。教育教学中有许多事是教科书和理论书籍上没有的，即使书中偶有实践例证，也未必赶得上我在工作中的发现有趣，我愿意把这些事情和感悟记下来。比如，我根据一些学生的性格特征对他们今后的发展做了预测，我甚至想，等他们到了我这个年龄，拿出来和他们一同分享。当然，这中间也真实地记录了我的教育教学工作的失误。我那时真的没有什么经验，一些想法也比较简单幼稚；但是，教师充满激情地教学，又能理性地反思，他才能享受到工作的愉快。

市教科所有位从事德育工作的老教师来访，发现了我的笔记，她要求借一本去看一看，我无法拒绝。没想到这本笔记流传到好多地方，人们各取所需，各申其说，一年半后才回到我身边。1988 年，有两位教育学博士分别寄赠她们的博士论文，后记中特别就引用我的工作笔记致谢，我才知道那本笔记还帮过博士们的忙。

不要迷信专家和“大师”。我们经常看到教育专家和教师之间的冲突。教育专家往往认为一线教师的工作都是错的、没有价值的，是低水平的重复；而一线教师认为教育专家们“看人挑担不吃力”，私下发牢骚时经常顶出一句“你来试试”。

要尊重学历教育，但不要迷信高学历。有青年博士在座谈会上发话：希望老师们多提供一些课例，让我们搞研究的能积累点儿素材。博士的年龄，比在座的老师要小二三十岁，但是他就这样坦然地说了。有人问博士：你说研究基础教育，你在中小学教过书吗？博士说：“我大四的时候实习过的，上过十几节课呢。”于是谈话变得很困难。事后博士认为老师们冷落了他。有位教授说，他看一位博士的论文，术语过多，语句繁复，实在看不懂，就让博士自己说一遍，结果博士用大白话说清楚了。可是为什么不能用简约平易的表达方式呢？博士很诚实，说：“不弄复杂了通不过。”同样的情况也有另外一种结果，让博士说，结果他自己也说不明白，大概可以说明这是底子过差，经不起自我折腾，一演就砸自己的脚。从事理论研究的人如果盲目追求高学历，轻视实践，他的理论研究可能不会有什么价值。

基础教育阶段，我们所做的许多事也许没有超过常识范围，但那些过程有你的愉快，那些感悟和发现来自你的实践——那故事是你的。

1988 年，有编导来学校“体验生活”，后来把我 1986 年的一节作文课的实录做了点儿改动编进剧本（那节课我出的作文题是“我为什么忘记了父母的生日”和“我是怎样记住父母生日的”），电影公映后多次获奖。有位老教师说：“编导至少应当和你打个招呼，这也是知识产权啊!”我不以为然。我们当教师的，每天和学生在一起，共同创造教育的美好，什么时候会纠缠那个“发明权”？教师的很多工作不过是验证常识，然而那些故事是你的，你的作用，可能谁也代替不了。

（摘自吴非《致青年教师》）

做最好的班主任

很多人问过我：“你参加工作之初，想过今天会成为教育名人吗?”我真不认为我今天就成了什么“教育名人”了，但一晃 25 年过去，在旁人眼里，我的确也算“硕果累累”了：“头衔”一大堆，著作十多本。但要问我 25 年前我想过这些没有，我还真说不清楚。仿佛是刻意追求（我一直把学生的满意当作我工作的目标），又仿佛是无意之间（的确没有想过要去争名夺利），也许是“有意栽花”，也许是“无心插柳”，总之，和参加工作的第一天相比，现在的我的确有了一些当初想都不敢想的成绩。

最近给学生讲庄子，谈到“无为”、“超然”，我引用了中国先哲所说的一句我最喜欢的话：“用出世的精神，做入世的事情。”讲苏东坡的《赤壁赋》，我自然谈到如何对待人生的进退得失、利害荣辱，给学生讲了苏东坡的禅心。我还引用了刚逝世的张中行先生的话：“一切都无所谓，这是外貌；骨子里却是有着坚实的壁垒，因而任何外力才攻不破，这是心境的彻底安然，所以可以算作最高的禅悦。”我这些话是说给学生听的，其实也是说给自己的。我知道，真正超然于世俗的人，是不会把“淡泊名利”之类的话挂在嘴边的，但我不是那样的人，我知道我还是一个很世俗的人，但我愿意追求更高的人生境界，所以我需要经常不停地提醒自己：时时刻刻汲汲于名利，即使暂时得逞，终将会被生活惩罚，这叫“多情总被无情恼”；而“只管攀登不问高”、“埋头耕耘不问收获”，尽可能做好每一天自己能做好的事，哪怕暂时遭遇挫折乃至不幸，最后也必将赢得人生的快乐，这叫“道是无晴却有晴”！

坦率地说，我现在感到累，的确累。本学期我上两个班语文课，连早读（每天早晨都有）和辅导课在内，周课时21节。此外，我还担任着学校的一些行政工作，还有教育科研课题，还有一些推卸不了的社会事务。上周的一天，我从教室出来匆匆往办公室走着，一边走一边下意识地拿着语文教材小声朗读着课文（这是我不自觉养成的习惯），结果被走在我后面的杨校长看见了，她笑着说：“李校长走路都在备课呀！”而这，就是我现在每天的生活常态。

不过，我为现在这种状态而感到高兴，不，准确地说，应该是感到内心的宁静。因为这种状态让我感到踏实，感到我不浮躁，没有被所谓“专家”的名声所累。毕竟我一直是和学生在一起的。

我可以非常自豪地说，从教25年来，风华正茂也罢，人到中年也罢；默默无闻也罢，“暴得大名”也罢；普通教师也罢，“教育专家”也罢……这一切都没有改变我的生活状态，那就是——我一直都在一线，一直都在讲台上，一直都和学生零距离！

我时时提醒自己，我是一名教师，我的生活在讲台，我的生命在学生。

所以，我依然每天坚持完成好我的“五个一工程”——上好一堂语文课，找一位学生谈心或进行书面交流，思考一个教育问题或社会问题，读不少于一万字的书，写一篇教育日记。

“做最好的教师”是一种平和的心态，也是一种激情的行动；是对某种欲望的放弃，也是对某种理想的追求；是平凡的细节，也是辉煌的人生；是“竹杖芒鞋轻胜马”的闲适从容，也是“惊涛拍岸，卷起千堆雪”的荡气回肠。

（摘自李镇西《做最好的班主任》）

（主持　汪媛　班主任之友杂志社）

第三章　专业阅读，为成长奠基

> 阅读、思考、实践、探索；生根、发芽、开花、结果……当读书成为我们的生活方式，当读书成为我们自我提升、职业生命的需求时，我们便能在专业成长的路上走出自己的风采。开始读书，比知道读书的意义、读什么书更重要。

阅读对于班主任意义何在？今天我们该如何阅读？

朱永新说："一个人的精神发育史就是他的阅读史，一个民族的精神境界取决于这个民族的阅读水平，一个没有阅读的学校永远不可能有真正的教育。因此，我认为阅读对于教师成长应该是第一位的。没有教师的阅读，就不会有教师的真正意义上的成长与发展。"

一、班主任，今天你阅读了吗

近几年来，对教师阅读状况的调查结果不容乐观，教师阅读缺失已经成为一个十分严峻的问题。

◎《东莞时报》2010 年 10 月对东莞市教师读书情况进行问卷调查，发放问卷 200 份，收回问卷 76 份，很多教师"忙"得连填写问卷的时间都没有。调查结果显示，教师们很少读书的主要原因是没时间。在接受问卷调查的 76 名教师中，年阅读量在 3 本以内的教师占样本总数的 23.7%，年阅读量在 4—10 本的教师占样本总数的 57.9%。结合教师这一职业群体的社会形象来看，这无论如何不能让人满意。

◎《教育信息报》2010 年 3 月调查数据显示：20.9% 的教师每天至少

有一个小时以上的业余时间用于阅读，66.7%的教师每天的阅读时间在半小时左右，91.3%的教师每天都会坚持阅读。在“你最常读的书”和“你最喜欢的书”这两项中，记者发现，教师们的选择有些矛盾。统计结果显示，76.8%的教师最喜欢的书是文学作品，但87.1%的教师最常读的书却不是文学作品，而是教学参考用书。在“阅读目的”这一选项中，有89.1%的教师都选择“是做好教育教学工作”。从本次调查结果来看，部分教师并不是带着思考去阅读。有53.6%的教师在阅读完一本书后不做任何评论，仅有26.7%的教师会在阅读后与人讨论，或在博客上写体会，及时表达自己的想法。

二、阅读，可以这样简单

作家冉云飞在文章《教师与读书》的结尾写道：“不少人做教师而不读书，在中国已是公开的秘密。”有些教师的确是没时间读书，但还有很多教师是不屑读书。

开始读书，比知道读书的意义、读什么书更重要。

（一）找时间读书

无论多忙，其实你每天都可以找出小段的时间来读书，哪怕只是5—10分钟。其实每天都有很多这样的机会。每次你等人的时候，每次入睡前，每次只要10分钟，每天哪怕只有四次，加起来就有40分钟了。你要做的，是坚持下来。

不否认我们每天要面对一百多个学生，每周要面对一千多本作业。完成300万字的阅读要多长时间？300万字是什么概念？大约是10本300页厚的书吧。如果以每分钟300字的阅读速度计算（这是小学生就可以达到的阅读速度），半小时大约就可以阅读一万字。每天半小时，一年读300万字毫无问题。谁敢说自己抽不出、挤不出半小时呢？关键是态度问题。

（戴建华）

（二）上哪儿去都带本书

无论你去哪里，都别忘记带上一本书。当你准备出门的时候，别忘记带上书。打发等人和排队（排队等公共汽车、排队等医生、排队等取钱等）的无聊，看看书是最棒的方法了。

（三）订一个读书计划

大家都说“计划不如变化”。这其实是那些不愿执行计划的人给自己找的一个借口。因为不愿意执行计划或计划无法实现，于是推说计划有变。问题出来时，他会说：“你看，不是我的错啊，真的是因为有变化了！”

我想说，“变化不如计划”。大多数老师都应该制订各种计划，比如学习计划、工作计划，至少教学计划是每学期都要制订的。那就要执行计划了——对没有按时完成教学计划的老师扣分！大家可以回忆一下自己的各种计划，比较一下严格执行的计划和发生变化的计划，最终哪个会让你更满意。想象一下，如果你能实现所有的计划，现在会是什么样子？是研究生？是名师？是领导干部？如果能实现所有计划，现在至少应该是学富五车，著作等身了吧！不要让“变化”成为我们拒绝承认错误的借口，而让自己心安理得。

如果你想制订一个读书计划，我建议你开始时目标要定得低一点儿，千万不要觉得每天读书半小时是小意思。一天很容易，三天也不难，三年五载坚持就不一样了。

（戴建华）

（四）列一个读书清单

把你想读的书列出清单。要尽可能在各处都能看到这份清单：你的日志，你的记事簿，你的个人主页……而且，要对清单不断进行更新，当你从别人那里或者网上看到一本好书时，可以将之加进去；如果哪本书你已经读过了，就划掉。

（五）从强迫自己读开始

读书可能有100个十分崇高的理由，但在更多的情形下，读书的理由可能是十分卑微的，甚至是十分功利的。而读书的要求其实十分简单，那就是放下一切借口，拿起书本，强迫自己一页一页地读下去。

有个数学老师，从来都不喜欢读书，后来迫于压力，怕自己在读书会上“出丑”，同时为了给儿子做榜样，她强迫自己拿起了《论语》，并在每晚睡前“作秀”，“演”给儿子看。谁知，日复一日地“被逼”读书，装个样子而“假”读的她，竟在不知不觉中“弄假成真”，逐渐被《论语》深深地吸引了。

（张刘祥）

（六）一个月读一本书

奥斯勒是加拿大著名的医师、医学教育家。由于他对事业的热爱，以及兼任多种社会工作，时间非常紧张。为了读书，他规定自己在睡觉前必须抽出至少15分钟来阅读自己喜欢的书。就一般的阅读速度而言，一分钟可以读300字，15分钟可以读4500字，一星期可以读3.15万字，一个月至少可以读12.6万字。这样，一年就可以阅读20本书。奥斯勒坚持睡前读书15分钟达半个多世纪。按奥斯勒坚持的读书方法计算，完全可以实现一个月读一本书。

（张万祥）

（七）以实用引导

我一直认为，读书是一种寻找，寻找自己的精神所在，寻找自己的需求所在。没找到自己要读的书，那个时候的阅读，是模糊的、混沌的。“寻找”到自己要读的一类书，那个时候的阅读，就有比较清晰的主次之分。对于教师来说，这个“寻找”，首先要寻找到教育的“兴趣点”和“研究点”。我的主要研究方向是作文教学，阅读与写作、作文教学相关的书，相对比较多；读其他书，也会想到写作和写作教学上去。

（江苏省吴江市实验小学　管建刚）

（八）与写作同行

在我看来，写，比读更重要。只读不写，常常是泛泛而读，随兴所至，往往是边读边忘，犹如走马观花，不会留下深刻印象。而边读边写，情况就完全不一样，就会认真地读，反复地读，仔细琢磨，深入思考。所以，我竭力提倡、推崇教师不仅要多读，更要多写。写，能推动阅读，能促进思考，能实现超越。只有带着思考阅读，才能真正收到阅读的效果，否则，就有可能变成书呆子。

（张刘祥）

（九）让同伴督促

阅读教育名著可以单独进行，但最好是进行群体共读。研读过程中“议”——交流和讨论是必不可少的，它有助于互相启发，取长补短，共同提高。有组织的议（读书沙龙）要做到时间固定、主题确定、提前准备，从而提高议的质量和效益。

三、他们，在阅读中成长

阅读、思考、实践、探索，生根、发芽、开花、结果……当读书成为他们的生活方式，当读书成为他们自我提升、职业生命的需求时，他们便在专业成长的路上走出了自己的风采。倾听他们的阅读故事，了解优秀者的成功之路，可以让我们向专业化迈进。

【案例1】

书籍——伴我成长的挚友

1. “不务正业”的阅读

再回首，我深深感激自己刚刚走上工作岗位时的落魄。

当时我们学校是郑州市郊区的一所初中，学校周围不是麦田就是废品收购站，单身教师只有我一个。每天一放学，偌大的校园就呈现出“万籁此俱寂，但余钟磬音”的景象。由于现实中缺少友人感到寂寞，所以把书当友人，从中找安慰。由于没有纷繁人事的搅扰，所以能沉醉在书中，获得澄明的享受。如今，我一直在想：如果当初我没有感到寂寞，还会有缘在阅读中品尝这静谧的快乐吗？

我感激这段经历，无论它是平淡、欢欣的，还是孤独、伤感的。

平心而论，当时我读书不够用功，不够执着，可能是因为我所学的专业的缘故，但音乐赋予了我随意、潇洒的个性。我不够用功，却不表明我不喜欢读书。阅读可以分为“用功”和“喜欢”两类。用功读书是需要毅力的，最典型的例子当属“头悬梁，锥刺股”，为了考研、考博废寝忘食。这样的学习固然是可敬的，却总免不了一个“苦”字。我在内心深处，感觉人生不该如此辛劳憔悴，我从不把背诵功课或浏览时尚杂志算作阅读，只因背诵功课是劳累，是无奈，少了品味书籍内容的悠闲；而浏览时尚杂志往往不能给人充实感。真正的阅读必须有灵魂的参与。那时，我只拣自己深深喜欢的书去品味。所以，参加工作多年，我一遍遍阅读的，只是唐诗、宋词、《论语》、《道德经》等经典作品和一些文学书籍。对所读的文字，我并不刻意去背诵，只是一有空闲，便一卷在手，悠游其中，去获得一种灵魂的浸润与自由自在。这种读书超越了利害和技术的境界，就像和朋友促膝谈心，有一种淋漓尽致的畅快感。

所以，我总感觉自己那时的阅读，多少带了些“不务正业”的味道。

2. “改邪归正”的学习

2005 年 12 月，我进入班主任之友教育论坛，一下子惊呆了。这里高手如云，老师们思考深刻，书写勤奋。我深深感受到自己的落伍、浅薄和孤陋寡闻，从没有如此强烈地感受到自己对教育理论的渴望。但是，我应该读些什么书呢？在我迷茫无助、一筹莫展之时，我看到张万祥老师为弟子们列下的书单，于是便把书单上的书全部买来，如饥似渴地阅读着、思索着，常常在一周内就阅读一本，连读书笔记都来不及写。也许因为以前有一点儿阅读能力，对自己比较感兴趣或对我有启发的言论，我总能迅速将之化为自己的语言铭记下来，所以，我写文章向来不查阅资料，不列提纲，就那么一气呵成。如此形成的文字难免不够严谨，却很流畅。

同时，因为我的班级日记引起了众多网友的关注，他们也推荐书籍给我读，比如 zhangxiaoz、丁星凡等老师就曾经为我列过书单。

还有个叫射天狼的老师给我推荐了周国平的大量作品。我的著作《她不仅仅只叫“刺麻苔”》就借鉴了《妞妞——一个父亲的札记》的写法。

我的书架迅速被充实了。最大的收获，是我总结出了一线教师的成长道路，明白了他们著书立说的基本方法。

这个时期是我对知识吸收、消化最快的阶段。我对教育的思索，也呈现出了突飞猛进的势头。

3. 知识整合的过程

曾有一段日子，我痛惜自己那“不务正业”的阅读，感觉那是在荒废青春。但张万祥老师看过我的文章后却说，我身上有一种难得的纯真。“清水出芙蓉，天然去雕饰”，这应当得益于我以前的自由阅读。因为这样自由的阅读，不是以获得知识为目标，这样的阅读最能给人灵性，让人珍视生活本身，珍视人生体悟。

王晓春老师在网上指导老师学习时曾说：教育者应该是最典型的“拿来主义”者，是消化能力最强的人，是特别善于整合各种知识的人，是具备自己稳定视角的“杂家”……我很庆幸，自己在尚未明白何为哲学的时候，就阅读了《道德经》；在尚不知道教育没有原创性的时候，就了解了禅宗。这使我拥有了儒家的积极、道家的洒脱和佛家的空灵。当我在张万祥老师的引领下大量阅读教育类书籍后，便迅速将以前读过的杂书一并消化，并通过知识整合引为己用。想到《红楼梦》，我写下了《从探春理家到班主任理班》；重温《西游记》，我写下了《给我一道“紧箍咒”》；看《长征》，我写下了《走“弓背”，还是走“弓弦”》……

学习王晓春老师的著作和帖子，我明白了教育者最忌讳的是这两件事——封闭和照搬。教育只要一封闭，就必然枯萎，因为教育本身缺乏原创性，离开了其他学科的“输入”和滋养，教育就成了无源之水、无本之木，教师就会变成重复机械动作的“教育技术工人”。所以，我必须在阅读教育类书籍的同时，恢复以前博览群书的习惯。但是，除了文学书籍，我还能读懂什么呢？

在“教育在线”上学习的过程中，嵊州市专门负责班主任培训的蒋玉燕老师得知我带班吃力，尤其是对“问题学生”束手无策时，就一遍遍劝我阅读一些心理学书。见我信心不足，蒋老师便发来好多心理学方面的文章给我看，让我知道心理学并不像大家想象的那么难懂。

于是，我的床头、桌边又放上了心理学书。如果说以前看杂书是随心所欲、漫无目的，如今我阅读的目标则非常清晰——我要为提高自己的教育水平而阅读。我看的第一本心理学书，是孙东东教授的《追求阳光心态》。这本书语言生动流畅，浅显易懂，读起来一点儿也不费力，还常常让人忍俊不禁。更让我意外的是，班里恰巧有一个女孩子发癔症（我的班级成长日记《我班有女初长成》里有记载），我对照书里的知识现学现卖，竟把她的癔症给治好了。这一结果让我欣喜异常，越发买了大量的书来阅读。比如近来读的书就有《我是谁》《NLP 简快心理疗法》《重塑心灵》《生命对你意味着什么》等。读这些书的时候，我总是找机会试验一下学习效果。

这样的实践对我的阅读更是一种强化。在我的班级日记里，灵活运用自己所学知识的记录很多，它们貌似漫不经心，其实是有意的尝试。所以，我读这些书，绝不停留在文字表面，绝不生吞活剥，更不会卖弄“学术性”，让理论与实际做法脱节。

我一直奇怪，自己写的文章总是不按章法，总是太随意，总是想到什么就写什么，写出来的文字不像教育论文，更像散文，但这样的文字老师们却比较喜欢。为什么？

近来阅读一些心理学书，我终于明白了缘由——很多时候，我们学习了很多理论知识，却没有充分消化，这会干扰自发的创造性。知识利用不当，反而会使人变得有书呆子气、匠气，迂腐和骄傲。滔滔不绝的话语（即理论）占据了脑子和心灵，人们便难以用心灵体验和感受这个世界，便难以表达自己内心的感情。我曾经的“不务正业”式阅读，让我保持住了自己的洒脱和灵性，让我说出的话、写出的文章，都发自内心。后来，我再阅读专业书时，那些理论便只会给我熏染，给我营养，而不会全盘占据我的头脑。

4. 享受阅读

说句心里话，很多专业书确实难懂，但又确实有用。怎样阅读这些书才能变得轻松，成为享受呢？我的经验是，万万不要有过多的功利心，不要为写论文而读书。我们不妨把经典当成闲书来读，阅读的心态和方式都放松些，千万不要端起做学问的架子，刻意求解。读书不必固定时间和地点，等车的时候、排队的时候、睡觉前等，都可以成为阅读的时机。读不懂时，也绝不硬读，可以先读那些能够引起自己兴趣的著作和章节。这样，即使记不全书里的内容，也有一个熏陶的过程。所谓人文修养就是这样熏陶出来的。当我们所阅读的书真正内化为自己的知识时，不但写作起来轻松，运用起来也能得心应手。

写到这里，已是夜深人静。窗外星闪闪、月溶溶，我的内心一片宁静。接下来我要做的事情是——关上电脑，独坐灯下，摊开《金刚经说什么》，去认真品味何为“不俗即为仙骨，多情最是佛心”，让尘嚣远离，任杂念皆消，沉醉在书中，忘却自己，同时也滋养自己，获得自己。

（河南省郑州市科技工业学校　李迪）

【案例2】

我的阅读我做主

我以为，借助专业阅读可以提升班主任工作的境界。一是它可以帮助我们积累专业知识，再通过实践和反思提升专业能力，以获得职业认同。二是它可以帮助我们培养专业道德，提升文化修养，真正去热爱孩子，热爱教育，尊重生命。三是它可以帮助我们谨记重任，以自身微小的力量去托起孩子们的未来。

1. 我的三种快乐阅读

班主任工作很辛苦，要把一个班级建设好，往往需要付出大量时间，耗费无数精力。如何在繁忙的工作之余，在处理好家庭事务的基础上走进阅读，寻求专业发展的空间呢？

我们可以先寻求一种“短平快”的阅读形式，即“影视阅读”、“网络阅读”、“期刊阅读”，让“没有时间读书”不再成为我们不读书的理由，让阅读变得快乐轻松。

疲惫之余，看看电影适当放松放松，不失为一种很好的休闲方式。如果将这种方式和专业发展巧妙联系起来，就可谓一箭双雕。观赏教育电影，展开影视阅读，便是一个非常好的选择。《放牛班的春天》《生命因你而动听》《心灵捕手》《死亡诗社》……一道道丰盛的教育大餐，可以带给每一个班主任无穷的美味享受，让我们沉醉流连，在影视阅读——给人教育启迪的光影艺术中思考我们的教育实践。

另一种快捷、轻松的阅读是网络阅读，班主任之友教育论坛、教育在线论坛、中国教师研修网、K12 中国中小学教育教学网、中国教师阅读网等为我们展现了一个个广阔的阅读天地，走进去，你会流连忘返，满载而归。除了进入这些著名网站读帖子，浏览、阅读相关文章外，一些名家如朱永新、李镇西、窦桂梅、刘铁芳、许锡良等的博客也是我们学习的好去处，读后会给我们以深刻的启迪。

对我影响较大的两本教育类期刊——《班主任之友》和《教师博览·原创版》让我获益匪浅。如《班主任之友》设立的教育论坛有一个评稿讨论区，每期都会展示一些极富特色的案例故事，让老师们自由评析，然后再选择好的评析文章及时刊登出来。一次，一篇《善意的谎言》案例展示出来后，看到那么多老师的精彩评析，我也忍不住手痒痒，试着点评一下，反思了以下几个问题：①教育是应该注重技术层面还是应该注重生命层面；②教育的功利性和教育的人文关怀性；③教育的利他性和利己性。而我的这篇反思性的案例评析竟被《班主任之友》编辑看中、登载，以后，我更加关注论坛上每一次贴出的案例故事，从中获取一些教育启迪。这对于我的专业发展是极其有利的。

读完《第 56 号教室的奇迹——让孩子变成爱学习的天使》，我写了一篇读书笔记——《〈第 56 号教室的奇迹——让孩子变成爱学习的天使〉读后忧思录》发在论坛里：一为“谨防缺‘德’的教育”，二为“教育拒绝追求表演”，三为“相信奇迹，才会有奇迹”，四为“东西方教育的异同何在”，五为“我们能模仿雷夫吗”。文章一贴出，便被《教师博览》编辑看中，然后发表在《教师博览·原创版》2009 年第 6 期上。这一成功进一步推进了我的专业阅读之旅。

除了《班主任之友》和《教师博览·原创版》外，《班主任》《中国德育》《人民教育》《教育研究》等期刊班主任朋友也可以优先阅读。另外，《中国教育报》《德育报》等也可以选择阅读，以了解最新教育信息。

2. 我的三张阅读地图

相对于前面提到的短平快阅读，最为厚重的阅读是读书。与大师亲密接触，实现零距离对话，对一个人的专业成长有着巨大作用。根据自己的实际，结合自己专业成长的历程，我为自己量身定做了几张专业阅读导航地图，分门别类不断往里面添加书籍，然后有计划、有系统地阅读、小结，不断前行。

我提示自己，必须阅读一些与教育管理、学习指导、心理工作和家庭教育相关的书，积累一些专业知识，赋予自己的班主任工作以更多专业尊严。于是我的第一张地图设计出来了（见地图一）。

	教育管理	学习指导	心理工作	家庭教育
途径一	《班主任工作创新艺术 100 招》 《挑战班主任 19 项全能》 《做一个会“偷懒”的班主任》 《做一个专业的班主任》	《自我指导学习——挑战卓越》	《初中生心理辅导案例解析》 《高中生心理辅导案例解析》 《班主任必须掌握的心理学》	《与学生家长“过招”——班主任的家长工作艺术和技巧》
途径二	《班主任工作漫谈》 《优秀是教出来的——创造教育奇迹的 55 个细节》	《杰出青少年的 7 个习惯》	《登天的感觉——我在哈佛大学做心理咨询》 《积极心理学——关于人类幸福和力量的科学》	《正面管教》
途径三	《中学课堂管理》	《自主课堂——积极的课堂环境的作用》	《儿童的人格教育》 《动机与人格》	《爱的艺术》

地图一

在这张地图里，郑学志老师主编的《挑战班主任 19 项全能》是班主任工作的“头脑风暴”，更是班主任的“成功导向图”，让我受益匪浅。张万祥和郑学志两位老师合编的《与学生家长“过招”——班主任的家长工作艺术和技巧》介绍了家访的技巧、家长会的艺术、如何开办家长学校、如何做单亲家长的工作、如何与刁蛮家长“过招”，让我真切体会到了班主任工作的艺术性。美国优秀教师罗恩·克拉克的《优秀是教出来的——创造教育奇迹的55个细节》，用各种“小规矩”来帮助学生，培养学生良好的习惯和教养，从而创造一个又一个教学奇迹，这让我对教育产生了深深的迷恋。阿德勒的《儿童的人格教育》一书是班主任的案头必备书。阿德勒分析了大量问题儿童案例及其与生理、家庭问题的联系，反复阅读这本书，帮助我建立起理解儿童人格的基本结构。

有了一定的积累后，我考虑继续提升自己的管理能力。我对教育学理论的掌握不足，对问题学生缺乏诊疗能力，沟通能力不够；还有，班级文化建设随意性大，没能够上一个台阶。据此，我为自己设计了第二张地图，对于自己的弱项，通过专业阅读来加以弥补（见地图二）。

	教育学	问题学生诊疗	沟通能力	文化建设
途径一	《给年轻班主任的建议》 《今天怎样做教师》	《教育西游记——我和“后进生”的故事》 《问题学生诊疗手册》	《师生沟通的艺术》	《我是怎样建设班级文化的——一位博士的班主任生涯回顾与反思》 《激情梦想同飞翔——班主任与每次活动》
途径二	《特别的女生萨哈拉——一个孩子的特别成长经历》 《给教师的建议》 《怎样培养真正的人》	《遭遇问题学生——问题学生的教育与转化技巧》	《老师怎样和学生说话》	《在农历的天空下》
途径三	《中国教育史》 《教学机智——教育智慧的意蕴》			

地图二

一个真正完整意义上的教师，必须对自己的职业有着高度的自我认同，同时，还应该有着丰富的人文背景，这样，才可能真正为学生的幸福人生奠基，追求属于自己的幸福完整的教育生活。所以，我又规划了第三张阅读地图（见地图三）。

	职业认同	励志成长	人文素养
途径一	《在与众不同的教室里——8位美国当代名师的精神档案》 《班主任专业成长》 《班主任专业成长的途径》 《教师专业发展精妙小语》 《我的教育理想》	《做一个励志型的班主任》 《高效能人士的七个习惯》	《大学人文读本》 《近距离看美国》 《万历十五年》
途径二	《给我一个班我就心满意足了》 《爱心与教育》 《第56号教室的奇迹——让孩子变成爱学习的天使》	《教师健康人格促进》 《中国教师：专业素质的修炼》	《中国哲学简史》 《苏菲的世界》
途径三	《给青年诗人的信》 《教学勇气——漫步教师心灵》		《论语今读》

地图三

这三张地图，是我为自己构建的一条借助专业阅读去追求班主任专业发展的理想之路。三张地图中，都列有三条途径。途径一是“水路”。经由“水路”，我可以悠然自得，不用费力便能把沿途的风景欣赏个够。这条路适合刚参加工作的班主任，或者没有什么阅读积累的班主任。途径二是“陆路”。有了感性阅读积淀的班主任，有了几年工作经验却遭遇重重问题、不太成熟的班主任可以选择走“陆路”，这样你就可以与名家同行，一路对话。第三条途径是“山路”。“山路”虽险，但“无限风光在险峰”。与书本反复对话，并根据书中的思路对自身的经验进行反思和改进，就像在爬山的过程中，即使前途艰险、汗流浃背，也只有迎难而上，迎向无限开阔的险峰。“山路”适合班级管理经验丰富又有丰富的阅读积淀，立志做教育家的班主任。三条途径就像三个梯度，一层层加大理解上的难度，只有我们的阅读积累更丰厚，实践经验更丰富，才能够不断向新的“途径”迈进。

虽然我知道对一些书这样分类不太科学，但考虑到这可以给自己一条清晰的发展路线，于是暂行之。按照三张地图一路读下来，我感觉到自己的生命在成长，专业能力在提升。我也逐渐在我的班级管理实践中真切体会到了幸福的感觉。

（湖南省津市市第一中学　谌志惠）

【评析】

教育是一种循环，而专业阅读也可以循环往复，一条途径一条途径地开辟、逼近，最终找到最适合自己阅读的书，寻觅到自己的生命密码，让自己的生命真正得以发展，获得自己想要的生活。

四、善读，让阅读更专业

摘抄积累、批注探究、主题深入……班主任要博览所需之书，精读所用之书，寻找最适合自己的阅读方法，探取学问的深蕴，使其化为自己的血肉，成为自己知识结构中最基本的东西。博约相济，善读得法，可以让你的阅读更专业。

（一）摘抄积累

1. 余映潮：做读书卡片

余映潮老师说：“许多年来，我用最笨拙而又最科学的方法读书。许多年来，我用最辛苦而又最有用的方法读书。许多年来，我用最麻烦而又最精细的方法读书。那就是做读书卡片。”

他的积累方法有二。①目录索引式研究。“这是一种用最简洁的方式储存大量资料的研究方法。”“做目录索引，从表面上看不是在做研究，而实际上是为研究做准备的。如果没有大量的学术资料，没有大量的背景材料，一般研究者的研究是行之不远的。因为他不知道学术世界在发生什么样的变化，不知道人家的研究走到了一个什么样的境界。”“这种间接的学习不仅仅是节约了自己的时间，更为重要的是你会觉得外面的世界真是精彩，你会觉得自己是多么的渺小。”“将类别分细。”“为了让目录索引‘有用’，关键是保存好自己的与目录有关的报刊资料。”②读书笔记式研究。“这是一种用最笨拙的方式储存最精细资料的研究方法。”“就是手抄笔录——做读书笔记——摘抄、摘录、摘记。摘抄、摘录、摘记的意义在于收集那些散见于文献中的有参考与使用价值的资料。”“它们有时是长长的片段，有时则是点滴的精华——每一则资料都要显得非常精细。摘抄、摘录、摘记是呈现于表面的一种学习的过程，其实最为重要的过程在于摘抄之后的‘分类研究’。”“凡大量的资料，不进行分类，不进行‘连类而及’，便削弱了其研究价值。”做读书笔记主要是为了开阔我们的眼界，弥补我们知识的不足。长期坚持，必有好处。在多媒体时代，做读书笔记不一定要自己用笔去抄抄写写了，储存资料的先进手法比比皆是。

2. 张万祥：剪贴摘抄

张万祥老师30多年来始终坚持剪贴摘抄式积累的读书习惯。在《追求——我生活的主旋律》一文中他曾写道：“我开始记班主任工作笔记，写教育个案，摘抄德育理论，撰写德育论文，从此竟一发而不可收。至今我已经积累了70余本，摞起来有1米多高。我抚摸着这心血的结晶，回顾艰难跋涉的历程，心中虽有辛酸，但却涌出了幸福感和巨人感。我觉得自己似乎成了巨人，举臂即可摸到白云蓝天。”张老师的积累有三步：剪贴搜集；分类整理，将资料大体分为德育文件册、疏导心理册、生理知识册、青少年个性册、教育艺术册、班级建设册、班主任修养册、品德规范册、智力教育册、非智力因素册、榜样示范册、家庭教育册，等等；做目录索引，在遇到难题、思考问题、撰写文章时，方便查找参阅。

3. 谌志惠：关键词摘抄

他常用红色水笔抄录精彩内容，再用蓝色水笔记下自己对这段话的理解，具体方式是用一个关键词小结所摘抄的段落内容，然后写写自己的感悟。静静地摘抄，可以让他不那么浮躁。同时，用关键词提取段落内容，又考验了他的概括能力和理解力。这种简单易行的方式能让他粗线条地迅速把握住一个段落的内容，理解作者在一个篇章中要表述的意思，试着去汲取书中的精华。

【延伸阅读】

摘抄的意义和常用形式

摘抄很有意义。其一，有助于我们了解前人或他人关于本问题的研究成果或进程，力求“站在巨人的肩上”、在前人的基础上达到新的高度。其二，有助于搜集并了解本问题研究的理论根据和可以作为论据的材料。其三，有助于获得启发，打开思路。经验表明，当对某个问题苦思冥想而不得其解时，当面对一个题目感到无话可说时，偶尔看到一份材料、一段话甚至片言只语，都可能“眼前一亮”，思路得以打开。搜集的资料越多，获得的启发也就越多，就越能使自己的认识趋于全面、深刻。

常见的摘抄形式如下。

（1）“理念”摘抄式。将文章的核心“理念”部分摘抄整理出来，了解最新的教研动态。

（2）“句段”摘抄式。对一篇文章中的某一段话或一句话很感兴趣，并且这些句段可能与你正在思考的某个问题有关系时，就要不失时机地摘抄下来。

（3）“专题”摘抄式。按自己感兴趣的研究内容分类，分专题摘抄，以便积累到一定阶段后系统研究。

做摘抄笔记，也要讲究规范化。比如，要在摘抄文字篇末标明摘自何期刊、何书、原作者是谁等。一是可以帮助你回忆原文，方便检索；二是写文章引述摘抄的文字时，可以很方便地注上出处，以尊重他人的劳动成果。

【评析】

边阅读边摘抄边思考，更易于批判、吸收，还可以记录自己不时迸发出的灵感火花，更可以引导自己去展开科研探索。我们在阅读的过程中如果积累一些优秀班主任的做法，再结合自己的个性及带班风格加以创造性运用，日积月累，我们的班主任专业能力一定会有所提升。让我们埋首进行摘抄式阅读吧，为自己构建丰富的德育信息库，也许经过一段时间后，你将发现你的班级管理别有洞天。

（二）批注评点——创造式地探究阅读

《中学课堂管理》是美国最畅销的课堂教学管理书籍之一，王晓春老师用时8个月，批注评点79则，约10万字。在此，择录一个片段，与大家分享王老师一以贯之的细致而具体的研究精神、深度阅读的方法策略。

《中学课堂管理》一书中谈到，美国学生在师生关系方面对教师的希望是“尊重”，在学习指导方面对教师的希望是“激励”，而在环境管理方面对教师的希望则是“限制”。

原文：

学生们讨论的最后一个主题是，教师有必要“建立并执行规章制度”。学生们用几种方式表达了这种意见：“教师必须有很强的权威性”、“教师必须告诉孩子们他们有什么期待，不要三番两次地强调”、“教师要表现出力量”、“教师需要严格（但不是苛刻）”、“教师要成为有控制能力的人”。这些回答清晰地传达出学生对这样的老师缺乏尊敬：太纵容学生的教师、“太胆小，不愿承担责任”的教师、“那些让孩子们凌驾于他们之上”的教师。

王晓春批注：

许多老师总是责备学生根本不想遵守纪律，只想任性胡作非为，根本不愿被限制，只想放纵自我，这基本上是个冤案，冤枉学生了。类似的调查我也在学生中做过多次，中国的绝大多数学生和美国学生意见一样，都希望老师“严一点儿”。

但接下来就有一个问题令人费解了：为什么学生们希望老师对学生有所限制，而在行动中却常常抗拒老师的限制措施呢？

如果教师只会盯着学生看，这个问题他永远都想不明白，他只会认定学生是两面派；如果他能省察自我，有点儿反思意识，情况就不一样了。

据我的观察和分析，学生抗拒教师的限制措施，责任常常并不只在学生一方。教师如果有以下毛病，学生就可能会抗拒。

①要求不合理。

②要求不稳定（朝令夕改）。

③要求不明确（学生无所适从）。

④管得太多（经常出台“土政策”）。

⑤管得不是地方（该管的地方不管，不该管的地方瞎管）。

⑥管得不公平（看人下菜碟）。

⑦管的态度不对。

⑧管的方法不对。

也就是说，其实学生抗拒的往往不是限制本身，而是限制的方式。但是教师往往把学生的抗拒都说成是对纪律本身的抗拒、对所有限制的抗拒，这样一来，他就把责任全推给学生，用不着反思自我了。因此我建议，每当学生不服管教的时候，教师一方面要诊断学生的问题，另一方面千万不要忘记诊断自己的问题，否则解决不了。如果一个班级不服管教的学生达到或超过了五分之一，那我敢肯定，主要问题是在教师方面。这种时候，要解决问题，必须从教师自身突破。

【评析】

类似的调查得出相同的结果——学生都希望老师严一点儿，但王老师却并不止步于此，而是进一步追问其背后的矛盾：“为什么学生们希望老师对学生有所限制，而在行动中却常常抗拒老师的限制措施呢?”由此探讨其背后的原因，并提出解决问题的建议。这种联系实际，步步追问，反思研究，寻找合乎实际的解决思路的阅读方法，毫无疑问，是一种创造性的阅读、一种批判性的阅读，是真正地在与作者对话交流，从而吸收、内化。

（三）主题阅读，走向阅读的更深处

如何让我们的阅读更有效地服务于我们专业素养与专业能力的提升呢?主题阅读是个有效的途径和策略，它能让我们的阅读更深入，使我们的成长更专业。

1. 需要是主题阅读最好的出发点

从自己的需要出发，以此确定阅读的主题。自己的需要在哪里?当然是在工作中，专业成长中感觉最不自在、最不舒服的就是最需要的。

班主任工作主要有三大块：班级常规管理、班风建设、问题学生教育。每一大块又细分为很多小块，如问题学生教育可分为纪律问题、学习问题、品德问题和心理问题四个方面。选择一个自己目前迫切需要解决的问题，先在网上搜索相关书籍，阅读书评或读后感作为参考，逐步筛选出符合自己需要的书籍。只有通过这样的精挑细选才能找到与需要相同或接近的书籍，使主题阅读变为可能。接着通过网购买回，这样可享受不错的折扣，物美价廉，何乐而不为呢?需要特别提醒的是，作为主题阅读起点的书一定要慎重选择，因为它将是主题阅读的基础书，所以不宜过深，以浅显易懂又能引发思考者为佳。有了主题，又找到了基础书，主题阅读就可以扬帆起航了。

特别提示：主题阅读的“主题”必须来自班主任自身专业发展的需要，既非媒体、专家推荐，也非人云亦云的浅尝辄止。唯有这样，才能推动专业化的主题阅读向纵深发展。

2. 探究是主题阅读最好的导航仪

对基础书一定要认真啃读，强烈建议一边读一边写读书笔记，特别是要将阅读中产生的疑问及时记下来，这是主题阅读向纵深处延伸不可或缺的。否则就与一般性的阅读差别不大，无法实现其意义。

从2009年开始，我就围绕“心灵档案”研究开展主题阅读。首先啃读了王晓春老师的《给教师一件“新武器”——教育诊疗》，解决了什么是“心灵档案”、“心灵档案”构建要素等问题。但也产生了新的疑问，如“梦”作为学生“心灵档案”的组成部分应该如何解读才会更准确或者更靠近本源。于是，我开始研读弗洛伊德的《梦的解析》《弗洛伊德心理哲学》、荣格的《分析心理学与梦的诠释》以及阿德勒的《生命对你意味着什么》中与梦相关的部分。也即通过与主题相关的基础书发现问题深入研究的方向，然后选择相关专著进入更为深入和细致的阅读。

当主题阅读开始从单一阅读走向比较阅读时，这将会是一个探索与发现的神奇之旅。如对梦的解读，同属精神分析学派的几位大师有着各自的观点，在比较阅读中，我才能批判地接受各种理念。通过主题阅读我深刻体会到，将梦及其他与学生成长有关的，如家庭文化背景、成长史、学习史、早期记忆、五项图、自画像、生命线等个体心灵成长的“碎瓷片”，收集起来加以解读，就组成了富有个性的“心灵档案”，完成了学生整个人格的“全息图”，这样指导学生时就更有把握、更专业。

经过这样的比较阅读、批判性的思考和解读，一部分对主题具有决定意义的书或者书中的某个篇章就成为主题研究的理论基础。另外一些与主题相关的书可以作为参考或者是验证。这一阶段的主题阅读方法主要是专著阅读、比较阅读、精读、泛读、探索性阅读与验证性阅读。以我之愚见，经典的理论化的书籍需要精读与比较阅读相结合，以加深理解和消化；案例偏多的书籍则适合泛读或验证性阅读，以增加丰厚的背景。如此才能将看似互不相关的一些理念、操作、技术相互打通，为实践提供支撑和保障。

特别提示：主题阅读的进阶，需要横向与纵向同时探究延伸，需要专业发展需求与深入阅读后的体悟相互编织，特别是围绕同一主题开展的小专题化的比较阅读更能深入主题的核心。

3. 实践是主题阅读最好的生长点

当阅读视野变得开阔与深入，主题阅读中的根本性书籍浮出水面时，就打通了主题的关键点。接下来就应该在实践中让主题真正生长。主题阅读要显现在教育实际中，显现在每日面对一个个灵动的生命时班主任的言谈举止中。所以，唯有实践才能明白自己真正读到了什么、习得了什么，还需要读什么。在我看来，最好的实践方式，当属开展围绕主题的德育科研。2009 年 9 月在王晓春老师的指导下，我在自己的班上搞起了教育科研——“师生共构‘心灵档案’实践研究”，将我从主题阅读中所获得的关于“心灵档案”的一系列理论转化为可操作的德育新模式。而操作流程的探索、确立、验证、修正，就是在遭遇各种不同境遇时产生疑问，并在相关书籍中寻找答案的过程，也是主题阅读以一个点（基础书籍）向四周延展形成不同层次（根本性书籍与相关性书籍）的过程。这样的延展既围绕主题，也与实践需要紧密相连。来回推演，将主题阅读伸展开来，在理论与实践中搭建起桥梁，使二者相互印证、支持，实践者的理论水平与实践能力会显著提升。

我的班上曾经有一个很爱问“傻”问题的学生，我在对他“早期记忆”、“最喜欢的老师”、“最近做的梦”等项目的解读中得知这个问题源于孩子的初中班主任对孩子的“舐犊情”。在与这个孩子的初中班主任联系后，我了解到他的“舐犊情”产生的原因是这个孩子的家庭教育简单粗暴。初中班主任的关爱，让孩子从爱打人的恶习中成功转型，所以他特别依赖初中班主任，也受到了初中班主任的特别关照。而高中的老师却不再给予他这份特殊待遇，所以他便用问问题来获得与老师亲密接触的机会。找到了根源后，我一方面与其父亲沟通，希望他注意教育孩子的方式，避免对孩子心灵的伤害；另一方面，在月底的班级分析会上向所有老师说明情况，争取他们的配合，一起正确关注这个孩子。经过一个学期的工作，这个孩子已经不再提“傻”问题了，在一次年级统一月考中获得了不错的成绩，他还虎头虎脑地跑到我跟前打赌，说期末一定要考全班第一名。看着孩子高兴的劲儿，我的心里暖暖的。我想，如果没有德育科研与主题阅读的持久相伴，我不可能触及学生心灵的深处和问题的根源，肯定会将之归因为“学生思考问题简单”而简单处理，误人子弟而浑然不知。

特别提示：唯有实践研究与理论学习相互指引（实践需要指引寻找相关书籍、书籍理论指引实践的方向），主题阅读才能贯穿始终并得以延展深入，才能切实提升班主任的专业素养，引领班主任走向优秀、走向卓越。

（四川省成都市石室中学　梁岗）

（主持　王皓　班主任之友杂志社）

第四章　专业写作，让成长加速

时代在呼唤草根班主任的专业成长，让这些看得见的成功，鼓舞我们把专业写作进行下去。

让专业写作打造我们的专业形象。

专业写作是班主任专业发展的一个重要内容，也是我们实现专业成长的一个必经途径。愿不愿写、能不能写、会不会写，是班主任优秀和平庸的分水岭；写得好不好、是否善于写，是班主任从优秀走向卓越的关键。

一、什么是专业写作

“班主任专业写作”提了很多年，但一直缺乏一个准确的定义。时代在催生一个新词语的同时，并没有给它穿上一件“准确”的外衣，而是让时间不断去锤炼它、丰富它、界定它。因此，郑学志老师对班主任专业写作进行的解读，能够让大家对班主任专业写作有一定的认识。

【案例】

班主任专业写作的六重定义

2010 年 11 月 20 日，我在深圳市光明新区和当地优秀班主任座谈。有老师问：“班主任专业写作究竟有什么要求？它和文学写作或其他行业的写作有什么区别？为什么我们有些老师的小说、诗歌、散文写得很好，专业写作却并不怎么样呢？”

我说：“班主任专业写作是一种职业写作、特定写作、应用写作、本色写作、纪实写作，也是一种科学写作，和其他门类的写作肯定是有区别的。擅长文学创作的老师做不好班主任专业写作也很正常，因为它们的出发点不一样。”当时班主任之友杂志社的熊华生博士和刘永存博士都在场，他们对我的这个回答给予了充分肯定。

这里，我再来谈谈我对班主任专业写作的六重定义。

1. 性质——职业写作

班主任专业写作首先体现为一种职业写作，或者说职务写作，这是班主任专业写作的本质属性。也因为这一点，班主任专业写作才与其他任何一个行业的写作区分开来。

每个行业都需要一定的专业写作，政府部门有公文，律师要写起诉书、答辩状，生产领域要写说明书、性能报告，班主任领域自然也有因为职业需要而进行的写作，这就是职业写作。从广义上说，凡是和班主任职业相关的写作，都可以归为班主任专业写作范畴，如班级工作计划、活动组织方案、特殊学生转化案例、日常管理日志、班级叙事等。

班主任专业写作，根本目的是教育，根本任务是围绕实现教育目的而采取一系列文案行动，因此我们的专业写作，要写出我们的职业特点——班主任；要写出我们的工作特色——教育和管理；要写出我们的根本目的——探索教育规律，为学生成长服务，为教育发展服务。离开了这个本质属性，我们的写作就与其他行业的写作没有什么根本区别。

所以，我们把班主任专业写作理解为职业写作，它是班主任将工作中的点点滴滴加以记录，并在此基础上进行分析、整理、研究和提高，用以改善工作方式、提升工作能力、提高工作效率、探索工作规律的一种职业化写作。

2. 内容——特定写作

特定写作是指班主任专业写作的内容。很多教师不明白班主任专业写作要写哪些东西、有什么东西可写。一提专业写作，他们的脑海里就只有论文，就只有案例。这实在是对班主任专业写作的误解。

班主任专业写作的内容很宽，凡是涉及班主任工作范畴的事项，都可以是班主任专业写作的内容。比如教育叙事、班级管理日志、教育随笔、教育反思等，这些比较生动，也富有生活情趣。还比如班级工作计划、主题班会设计与组织、班级管理效能评估与考核方案、学生操行评语、毕业生品德鉴定、班级管理论文等。

班主任专业写作的内容是特定的，这是指我们写作的内容必须和工作有关，不能够天马行空，任意乱来，将什么异域风情、科幻小说、爱情故事等都塞到班主任专业写作中来肯定是不行的。即使有涉及，也要和班主任工作有关。

目前班主任专业写作主要是教育叙事、案例分析、教育反思和随笔等，因为它们比较大众化，方便交流和探索。但并不是说，班主任专业写作的内容就只有这些。

3. 目的——应用写作

班主任专业写作是应用写作，它的目的是探索教育规律，解决教育中存在的问题，更好地为学生成长服务、为教师成长服务、为教育发展服务。专业写作是班主任专业成长的必然途径，这是由专业写作的目的决定的，即使是那些生动有趣的教育叙事，虽能给你带来精神上的愉悦，但是它更重要的目的，是经验交流和规律探索。

正因为如此，班主任专业写作具有下面三个典型特征。

第一，班主任专业写作是一种“反思”写作。反思精神应该是班主任专业写作的灵魂，不反思就无法提高专业素养。有人说，一个教师写一辈子教案，也许不能够成为优秀教师，但是写三年教育反思，一定能够有所提升。可见，反思是班主任专业写作必备的，工作的得失与进步，也只有通过反思才能够看清楚。先反思再写作，边反思边写作，写作是为了反思，反思提升写作质量，这是每一个班主任进行专业写作前必须弄清楚的。

第二，班主任专业写作是一种“务实”写作。我们的专业写作，不是专业作家的“专业”，也不是把写作当成“专业”，而是围绕教育管理这个专业工作进行写作。班主任专业写作的一种精神是“务实”——文风务实、内容务实。没有必要把目标特意定位为写出高质量、高水平的学术论文，也没有必要特意追求写出高深莫测的理论，甚至弄几个别人看不懂的词语，或者整几个别人看不懂的术语以显示我们知识渊博。我们要写的应该是对工作实践的总结与升华，是教育教学思想和情感的真实流露，是对日常教育管理的反思和心灵日记。内容要务实，做法要务实，感觉要务实，态度更要务实。

第三，班主任专业写作是一种“深度”写作。要解决教育中存在的问题，浅尝辄止是不行的，班主任专业写作的目的是应用，要围绕一个问题进行深度写作，或者围绕一个问题进行专题写作，这样写作的应用价值会更大。在班主任之友教育论坛上，艾岚（钟杰）的“教育西游记”、班级自主化实验栏目的很多帖子，都可以说是这类写作。

让人看了，就能够用，至少能够参考，这是班主任专业写作在应用上的基本要求。

4. 风格——本色写作

班主任专业写作，不是浓妆艳抹的文艺写作，不要求有多少文采；它是一种本色写作，是我口说我心、我笔写我语写出自己的经历和体会的写作。本色写作，是班主任专业写作的风格。

事实也是这样，对于同行的作品，文笔优美的我们当然喜欢读，但我们更注重文章的内容。唯有真实、唯有原始、唯有本色，教师们才喜欢。那些夸张、虚拟甚至富有传奇色彩的故事，大家用一个字评价——假。或者，教师们会质疑它的真实性：“是真的吗？真有这么神？”

很多教师喜欢读论坛上艾岚、爱影摇曳（覃丽兰）、边城（潘雪陵）、彩云（刘丹会）的帖子，原因就是他们写的内容真实。艾岚是名家了，她的很多做法都很成熟，而后面三位初出茅庐，他们的一些做法不见得全对。

可是，大家为什么喜欢呢？就是因为他们的写作都是真实的。读他们的作品，你会有一个感受——真实的教育本来就是这样的。

不管会不会写，不管作文功底如何，抛开文采的压力，能写出你真诚而又真切的教育管理体会，你的专业写作，就是好的专业写作。什么都不要怕，本色的就是最受欢迎的，我们先写起来再说！

5. 手法——纪实写作

我在全国各地和教师们交流："你们最喜欢读的教育类文章是什么？"答案是教育叙事。教育叙事已经成为广大教师喜闻乐见的一种文体。

教育叙事为什么受人喜欢？就是因为它真实地记录了我们教育生活的点点滴滴，就是因为它纪实的写作手法让我们感到亲切。在班主任专业写作领域里，教师们不用绞尽脑汁去想什么表现手法，我们应该掌握的是纪实手法。因为真实的教育生活本身往往很生动，很有意义。全国知名青年班主任、女生问题专家李迪说："学生每天都是新的，每天他们都会给你弄点儿事情，他们的问题层出不穷，你只要照着生活的本来面目写就够了。"

纪实的表现手法、纪实的写作态度、纪实的写作精神，就是班主任专业写作的有效武器。

6. 态度——科学写作

班主任的专业写作必须注重写作的科学性。班主任专业写作是对教育艺术和教育规律的探索，是对教育现象的真实记录，离开了科学性，就会走向歧路。

如何做到科学性？首先要忠于生活，忠于事实。其次，要有严谨的写作态度，准确叙述，客观表达。我们可以在文章中表达自己的情感，抒发自己的胸怀，但对问题处理措施、解决办法的叙述，一定要掌握分寸，既不夸大，也不简略。再次，要尊重教育规律，尽量让自己的写作内容体现教育规律，让自己的做法符合教育规律，用自己的写作形象地诠释教育规律。

有教师会问：难道班主任专业写作不允许有艺术性吗？坚持科学性，是否就一定要把艺术性排除在外呢？那也不是。班主任专业写作是遵从教育规律下的科学表达，是科学性和艺术性的结合，它和纯粹的文艺作品是有区别的。《放牛班的春天》可以虚构一个故事，甚至因为虚构而美丽，但我们就真实的差生转换教育进行虚构的话，却只能安慰自己，而无半点儿实际意义；文艺作品中可以设计捕捉有小偷小摸习惯的孩子，真实的教育生活中却不能诱骗孩子上当。如果你在教育叙事里展示诱骗的细节，我敢说很多人会“拍砖”。

我们做的是教育，不是文艺创作，科学的写作态度是专业写作者们应该坚守的职业底线。

（湖南省邵东县两市镇第一中学　郑学志）

二、突破专业写作的困惑

专业写作究竟为谁辛苦为谁忙？很多教师在实践操作中遭遇过种种失败和打击。李云老师的《专业写作，想说爱你不容易》，道出了普通教师的心声。我们究竟该怎么办呢？

【案例】

专业写作，想说爱你不容易

曾经在很长一段时间里，我不敢动手写东西。因为我怕自己写不好。从小学到高中，从没有老师说我作文写得好。当年高考，我唯一一科成绩在100分以下的，就是语文。

参加工作后，我教两个班的数学，担任一个班的班主任。很快，一个学期就在忙碌中过去了。期末结束时，学校发给我们一大本学生通知书，分管德育的副校长再三强调：“所有班主任的期末奖金，都必须等他验收完学生的评语之后才能够发。”

这可害惨了我。我原本自作聪明地设计了一个详细的德育评估方案，所有学生的在校表现，都用一张表格全部表现出来：什么上课积极回答问题计 2 分，不积极回答问题扣 1 分……都在那张表格中。表格刚刚设计出来的时候，我还和死党小芬庆祝了一番，以为这样就可以逃脱给学生写评语的厄运了。

没想到学校这么绝……

回到办公室里，我对着空白的通知书发呆。一个个熟悉的学生，一旦名字到了通知书上，就变得遥远了。没有办法，我只得逼自己随便填上一个学生的名字，然后死劲地往上面填写着“该生在校表现”这几个字。因为从小学到高中，我的班主任就是这样给我写的。废寝忘食了两个晚上，一本学生评语终于新鲜出炉。好在德育副校长说得苛刻，做得并不过分，他乐呵呵地接过我的学生通知书，边盖章边说“不错，不错”。其实好不好，我自己知道，他只不过不想让我难堪，同时也让他的政策顺利执行罢了。

可是，通知书发下去之后，学生却不满意了。第二学期开学后，就有学生小心地抱怨：“老班，我上学期做得那么好，怎么就是‘表现较好’啊？”还有的学生明确地说：“老班懒，和我们以前的班主任一样。”……在孩子们的嬉闹中，我发现自己与他们的距离远了。

几年后，到了该晋升职称的时候了，但是申请提了好几次，都被打了下来。找到学校领导质问为什么，领导无奈地表示：“你没有论文哪，分数打不上去！”

“吃一堑，长一智”，我都吃过几堑了，怎么能不长智呢？痛定思痛，我决心开始努力写作。我就不相信，一个大学本科生居然写不出一篇好作文！

于是，不管多忙，只要有时间，我就钻研教育论文写作。学校德育处经常组织全体班主任学习，有时给我们读一些教育报刊上的优秀案例，诸如转化后进生、新颖的主题班会等，有的案例我听起来“似曾相识”——

原来自己在班主任工作中也做过，别人能够写，我为什么不能写呢？这些浅显的认识，给了我信心和力量。

说来也奇怪，“胡乱”钻研几个月之后，我的一篇《浅谈春游中的安全教育》居然在报上发表了。看到样报的那一天，我捧着报纸看哪、读哇，恨不得让所有熟悉的朋友都来读读这篇文章。学校领导也感到奇怪：“李云还能写文章？”

之后，我的兴趣倍增，一有时间，就写文章。有时候为了安静，我甚至大白天把门关起来，在房里闷头写作。即使有人敲门，我也努力控制自己不出声，装作主人不在家的样子。

功夫不负有心人，终于在年底的时候，我在县、市论文评比中两次获一等奖，有三篇文章在报刊上公开发表。这一年的教师综合评比，我以绝对优势获得了学校仅有的一个三等功指标。

荣誉来了，闲话也就来了。当我的文章相继在报刊上发表，当我获奖的级别越来越高的时候，一些好心的教师开始劝我别写了；负责教师考评的学校办公室主任也告诉我，“以后不要写那么多论文了，从今年开始教师论文加分封顶了，也就是说你写得再多，年底评优也不给你加分了，因为上次大家对你获三等功很有想法”……是真的吗？我不解，于是找到学校领导评理。

领导很温和地对我说：“小李呀，本来你写文章给我们学校带来了很大的荣誉，但是，也有不少老师反映，你只管闭门造车，不管班级纪律。现在你的班级评估分数已经掉到年级的尾巴上了呢！”尽管领导最后表示，修改教师奖励考评方案不是针对我的班主任论文写作，但是针不针对我，我是瞎子吃饺子——心里有数。

我该怎么办呢？想起一首流行歌曲来：“想说爱你并不是很容易的事，那需要太多的勇气。想说忘记你也不是很容易的事，我只有矗立在风中想你……”哎，此情此语，真是我内心的真实写照啊！

（湖南省邵东县两市镇第一中学　李云）

【评析】

如何走出专业写作的瓶颈

写作是班主任专业发展的必经之路，很多教师就是从专业写作开始走向成熟的。然而，李云老师却走得很不容易，一开始因为不善于写作而遭遇尴尬局面，然后自己逼自己写，写出了感觉，却又遭遇非议。专业写作成了“想说爱你并不是很容易的事”了，该怎么办呢？

李老师遭遇的问题具有普遍性，很多时候，各种因素成为制约我们发展专业写作的瓶颈。其实，要走出来，也不一定是很难的事情。

1. 合理分配——处理好临时和平时的关系

我们首先来谈谈李云老师面临的第一个困惑：临时写的评语学生为什么不喜欢？学生操行评估无论采用数字表格的方式，还是采用条款评定的方式，都离不开班主任的日常关注。班主任专业写作有很多看起来是临时性的工作（如期末评语），实际上却是一个学期都要关注的事情，甚至每天都要关注。只有平时留心积累，胸中有丘壑，下笔才会恰到好处。而李老师对学生没什么印象，只用两天的时间就完成了全班学生的评语写作，学生拿到评语后肯定会不满意。老师不能准确地表达学生半个学期全面的表现，也缺乏对学生个性的评价，学生拿到评语后，觉得这不是专门写给自己的，好像写给哪个人都可以，所以就不满意。

要改变这种局面，就要处理好平时积累和临时写作的关系。班主任平时要注意留心每个学生的表现，留心他们最自豪的是什么、最不满意的是什么、最害怕的是什么、最希望的是什么……每个学生都是不同的，要注意收集最能够体现他们性格特征和心理需要的细节。这样，在期末评价的时候，你从记忆仓库里选出的词语，才可能是对他们最中肯的评价。

要处理好平时和临时的关系，关键是要有一个好习惯——坚持。班主任专业写作，没有坚持的习惯，一曝十寒是很难取得大突破的。无论使用电脑多么方便，我还是建议大家准备一个小本子，随身带着，有什么灵感或者需要记录的东西，马上记录下来。如果觉得使用小本子不方便，那么用手机记录，也是一个不错的办法。

总之，不管你采取什么办法记录，都要坚持，都要时时留心，这样写作时才会有话可说。

2. 把握平衡——处理好工作与写作的关系

专业写作是对个人有利、对工作有利的大好事。李老师花了很多功夫在写作上，写作水平提高了，而管理工作却出现了问题，为什么呢？主要原因是没有处理好专业写作和工作的关系，把专业写作变成了一种功利化的行为。

专业写作的根本目的，不是发表论文，而是对日常工作进行记录和反思，用记录提供反思的原料，用反思提升工作技能、探寻教育规律，从而提升自己的工作能力和水平。这是班主任专业写作的根本目的，离开了这个目的去做专业写作，单纯追求发表论文，那是舍本逐末，捡了芝麻丢了西瓜。

我们应该弄清楚班主任专业写作和工作之间的关系。首先，工作是写作的基础，也是写作的来源。没有鲜活的教育生活，离开了真实、具体、生动的教育实践，班主任专业写作就是无源之水。事实上，很多优秀教师是先做得好，然后才写得好的。只有真的做得好，写作才具有交流、推广的价值。其次，写作是为工作服务的。写作如果不能变成生产力，不能提高教育管理效果，不能总结教育管理经验，不能探索教育发展规律，那么对个人、对读者都是没有意义的。最后，工作和写作应该是良性互动、互相促进的。道理很明显，班主任专业写作是从班级管理的层面出发的，主要目的在于发现班级管理中的问题，然后分析这些问题，最终解决问题。在写作水平不断提高的过程中，要努力做到班级管理工作水平也在不断提高。两者是不能脱离的，如果写作与班级管理相脱节的话，那么写作也就失去了意义。

做好写作与工作的平衡，相信很多教师都会有新的感受和欣喜。

3. 摆正心态——处理好个人追求与校本写作的关系

在班主任专业写作中，其实很多教师都受过挫折，被同事嫉妒、打击，被领导误解，并不是李云老师一个人的遭遇。那么，一线班主任应该用什么样的心态来面对这种挫折，用什么办法来赢得同事和领导的支持呢？

首先是要摆正心态，不要把班主任专业写作当成个人发展的专利，也不要把专业写作当成个人赢得尊重和名誉的工具，应用一颗平常心去面对。我们进行专业写作，作品发表或者不发表，我都继续写作，别人高兴或者不高兴，我都继续写作。我写，只是为了让自己高兴，只因为自己愿意，只因为对自己的工作有好处。不要单纯为论文加分而写作，不要单纯图发表文章而写作。

其次是要摆正角色，把专业写作当成职业发展的一个重要内容。教师的职业角色有很多，李云老师作为数学教师，要设计数学课，要备课、上课，是一个教学的设计者；李云老师又是班主任，她要关心学生的学习过程、生活过程，要对学生发展的各个方面负责，所以她又是学生发展的引路人，是班级的管理者和组织者，是学生活动的参与者；她还是个实践的反思者……所有这些职业角色，没有一个是职业化的写手。换句话说，教师的专业写作，不是文学艺术写作，培养的不是作家，而是优秀的教育工作者。我们必须明白：工作第一，写作第二，写作是为了更好地工作。如果摆正了角色，写与不写，就都不会感到委屈。

再次是要坚持校本写作，把个人追求融入校本写作中去，在集体的发展中寻求自身价值的实现。很多教师以为写作是个人的事情，学校支持不支持，和个人没有关系。其实这种想法错了，教师的专业写作也是校本写作的一个重要内容。教育行政管理部门就论文发表给教师一定的奖励，就是为了促进教育工作。教师的专业写作不能够促进学校工作的开展，反而对工作有所妨碍，任何一个领导都不会高兴。因此，班主任进行专业写作时，要摆正个人追求与校本写作的关系。要立足于学校生活、围绕学校发展、为了促进学校工作而进行写作，尤其是要围绕学校重点课题进行专业写作，这对个人和学校的意义都是巨大的。

（湖南省邵东县第一职业中等专业学校　刘配明）

三、在专业写作中成长

不少教师已经在专业写作领域做出了积极探索，而且成绩斐然。

【案例1】

为生活涂抹一道亮彩

班主任工作细、繁、杂、累，而且压力大，但是当你真正投入其中的时候，你会发现班主任工作也能带来快乐，这份工作的意义和乐趣也一样在我们的生活中频频闪现。发现并捕捉这些意义和乐趣，我们的职业生活往往就会因此而充满浓浓的温情和幸福。

我喜欢记下一些看似琐碎的事情，这不仅是对自己思想的梳理，还能督促我不断读书学习，不知不觉中让自己活得更加充实。

1. 写作让日子变得紧张而充实

像我这个年龄的老师很多已经准备安享清闲了，很多同事把业余时间用在K歌、打牌、玩游戏等娱乐上，或者用在养生和锻炼身体上。所以我身边的朋友和亲人对我专注于班主任工作的做法不理解，连爱学习的老公对我的写作也不屑一顾，但我依然乐在其中。因为我发现，每天写作哪怕只是几行文字，我的内心得到的是安详，是对明天的期待，我的职业倦怠减少了，我的心态平和了许多。而且因为要思考，要写下来，时间变得宝贵起来，生活节奏更加紧张，但这没有让我觉得是一种负担，反而觉得有一种充实感，这种充实感可不是其他娱乐活动所能带来的。

我觉得专业写作应该是我们每个班主任每天都要做的事情。

2. 写作让我和学生一起成长

以前我和学生常常通过周记交流，接下 2009 级三班以后，“日记自省”也成为学生道德长跑的一项大工程。第一学期我偶然查看了一个女孩儿的日记，令我惊叹的是，不到一个学期，她写了整整 92 页，每页约 360 字，加起来竟然有 3 万多字。照这样发展下去，到毕业时，她的日记就会有二三十万字。不可思议！

再看另一个学生的日记，她 10 个月写下了近 6 万字的日记。这个数字令我惊讶。我大概算了一下，76 个学生中，已经约有 50 人的日记很像那么回事了。这就是集腋成裘、小溪汇成大河的力量啊！我把这些数字告诉学生，鼓励他们相互激励和督促。

学生的坚持让我不敢懈怠，我开始买来专业书籍给自己补给精神营养。2010 年我的教育日记超过了 15 万字，教育思考和论文近 5 万字，连我自己都有点儿不敢相信。专业写作让我和学生一起成长。

3. 写作迎来意外惊喜

在班主任之友教育论坛上，我有《我拿什么来唤起学生的求知欲》《一路心雨一路歌》《梦里花开知多少》《儿子今年上高三》等五个帖子成为精华帖。看到全国各地的老师对我的那些文字给予的鼓励和指导，我在内心里充满了感激和幸福。不仅如此，因为积极参加群里的讨论，坚持在论坛上写教育日记，惊喜一个个接踵而至。

惊喜一：2010 年末我接到班主任之友教育论坛通知，说我获赠《班主任之友》2011 年全年杂志。

惊喜二：已有四篇小文在杂志上发表。

惊喜三：获得了家人的奖励、称赞和支持。

看着班主任之友杂志社和河南教育报刊社寄来的样刊和稿费取款通知单，正愁博士论文无法发表的老公发出一阵阵感叹和羡慕，他不但不取笑我了，还在我肩膀酸痛的时候给我按摩呢！

如今，对每天的工作进行梳理和反思，并将之记录下来，已经成为我生活中不可或缺的一个习惯，我已经能够感觉到我和我的很多学生都在成长。这种感觉是甜蜜的。

（河南省平顶山市第十四中学　潘颖）

【案例 2】

我那峰回路转的专业写作之路

回想自己的专业写作之路，真是感慨万千。

1. 尴尬中写作成了救命稻草

2009 年，校领导的一句话让我陷入尴尬："你去教科室吧！"

那时的我可是一个不会写、不会说、只会干活的人。去教科室？搞科研？这对我来说太高不可攀了！让我到教科室工作，简直是赶鸭子上架！

俗话说"穷则思变"，我没有别的出路，唯一能做的就是想办法提高自己来适应教科室的工作。2009 年暑假，我利用一切可以利用的时间，开始充电。教科室原主任留下的书籍和资料，我全翻遍了。

病急乱投医，这时候有人告诉我："做教科研工作，首先自己要会读会写。"尴尬中，专业写作成为我的救命稻草，不管怎样，我先做起来再说。

2. 迷途中找到专业发展共同体

我在杂志上看到一篇文章，说班主任之友教育论坛是一个不错的平台，许多班主任在此发帖，撰写自己的班级叙事，而且大家可以互相学习，解决自己工作中的难题。于是，我立即去论坛注册看帖，哪个地方热闹、人多，我就往哪里钻。

我在"杏坛人生"这个板块里开了自己的专帖，把自己工作中的一些体会发上去。慢慢地我认识了当时的版主郑学志老师。他每一次留言鼓励，都让我欢呼雀跃，特别是他把我的帖子加为精华的那一次，更让我备受鼓舞。

一天，郑学志老师招募有志之士加入班级自主化实验，一起寻求解放班主任、造福学生的班级管理之路，这对正为班级管理而烦恼的我来说，实在是个大好消息。于是，我迫不及待地报名参加，按照要求，每天把自己的心得、体会或者学习、研讨等文字发到专帖中。

虽然有时候也想过偷懒，也有过松懈，但我实在不敢放松对自己的要求，生怕对不起网络和现实中那些关心我、支持我的朋友们。就这样，我慢慢坚持了下来。现在，我越来越庆幸，在迷途中，我找到了这样一个催人向上的专业发展共同体——班级自主化实验团队。

2011 年 5 月，我第一次作为专家，被濮阳市教育局邀请，给一千多位班主任做专业发展讲座。

3. 失望中幸遇良师益友

写帖、读帖、跟帖……时间一天一天地过去，我的文字还是没有变成铅字。我开始有些失望，怎么幸运之神还没有光顾我？这时无意中看到一个帖子——《教育航海记》，对我影响很大。发帖者是一个网名叫艾岚的班主任，年近不惑的她竟然抛弃已有的生活前往海南，开创自己人生的新天地。她写了很多教育随笔，每一篇都让人流连忘返。

我告诉自己：艾岚和你年龄差不多，别的学不来，写随笔应该是做得到的。我暗暗发誓：一定要坚持！就这样我继续默默耕耘，写自己的教育随笔。有时候感觉实在坚持不住了，我就对自己说：想想艾岚……于是就坚持了下来。

2010 年 3 月至 12 月，郑州市举办第四届教育系统“博客大赛”，校领导通知我参加，而且下命令：“一定要写出我们学校的教科研水平！”

我应命而去。谁知道这一参加，我的博客就成为大赛中的一道亮丽风景：一篇篇文章被加为精华，博客访问量骤增，比赛分数一天天快速上升……看着这一切，我充满信心和自豪。

4. 喜悦中迎来职业发展的新高

如果你也经历过从最初给学校写新闻，连写六篇，篇篇被枪毙，到现在每写一篇，篇篇发表，你就肯定能深刻地体会到什么叫峰回路转、什么叫喜悦连连。专业写作两年之后，意外收获接踵而来。

先是我写的学校新闻不断在报刊、网站等媒体上发表；随后我被评为“郑州市优秀宣传员”；接着我的论文荣获市级一等奖，数篇文章被《教育科研》《班主任之友》刊登；后来又在郑州市“博客大赛”中荣获“博客新秀”和管理类“优秀奖”两个大奖，并受到教育局表彰；此外，学校教科研工作开展得有声有色，取得优异成绩，2010 年学校荣获“郑州市教科研先进单位”称号……

一个从没有写过文章的超级菜鸟，因为工作岗位的需要，被逼上了专业写作的道路，专业写作让我变成一个爱思考、会思考的教师。遇到问题时我不再痛苦，不再抱怨，而是用心思考，认真考虑解决方案，然后付诸实施，及时总结，结果很多问题迎刃而解。现在，我感觉自己的生活每天都是新鲜的。

（河南省郑州市第六十中学　陈爱勤）

【案例 3】

专业写作让教育回归理性

写作是一种冷思考，它能使我们的教育行为脱离狂热，回归理性。

——郑学志

教第一届学生时我的脾气很急躁，但凡不守纪、不勤学的孩子，我必责之，偶尔还会动手打人。这届学生后来有三个成了我的同行，其中一个还成了我的同事。一天，我看见成为我同事的学生正在抽打一个孩子，看他打得狠，我于心不忍，劝说道："不要打了吧，打除了招致学生怨恨外，几乎没有效果。"我那"学生"同事闻言，不冷不热地说："老师，当初您也这样打过我们哦。"

我的脸霎时感觉发烫，言语虽短，却撕裂了我的脸皮。这句话就像铁锤一样捶打着我的心，让我不得安宁。我觉得自己就像一个罪人，不仅伤害了学生，更误导了学生。现在，我的学生不就是接过我手中的鞭子，抽打着他的学生吗？

我心里越想越害怕。我害怕有一天，我的学生会把拳头伸向我，我更害怕我的错误会导致恶性循环。

我不停地扪心自问，不停地反躬自省，终于明白，自己之前错了。我必须觉醒，必须改变，必须成长！这是我作为一个教师命中注定的！

一个教师若没有醒来，或许一切都是茫然、麻木的，他不知道自己需要什么，也不知道该给学生什么，更不知道前方的路是什么。一切都没有计划，没有目标。

这样的教师是多么可怕呀！一辈子庸碌无为，而且还害人无数。我坚决不做这样的教师！于是，我开始反思。每天，不论多晚，我都会在睡前问问自己，这一天，我究竟做对了哪些事，又做错了哪些事。开始，只是很简单的自问自答、自说自话，慢慢地，我可以与自己进行心灵对白，我可以把自己推翻然后重新立论。但这毕竟只是心灵的反思，没有文字的激荡，反思难免会流于形式，效果也不甚理想。

2006 年，一个偶然的机会，我进入了班主任之友教育论坛，看到了许多鲜活的教育案例。我当时很惊讶。呀?！教育类文章可以用这样优美洒脱的文字来表述哇？我不是每天都在过着精彩绝伦的教育生活吗？我不是有一定的文字功底吗？我为何不拿起笔来写下我精彩的教育人生呢？

于是，教书之余，读书、写作填充了我的空余时间。通过读书，我的眼界开阔了，思维方式也开始发生变化，我开始把自己读书思考所得联系到工作上，进行写作与反思。慢慢地，我发现自己变了，说话不再尖锐，思考问题不再偏执，做事不再冲动。学生出了事情，我不再像以前那样大光其火，而是劝自己冷静一下，心平气和地坐下来，对事情的真相进行还原。一边写一边反思，这时才发现，事情并非我想象的那么糟糕。很多事情根本不用发火就能解决，甚至很多事情学生根本就没错，只是教师的观点与学生的不同而已。

几年教育写作，让我的教育回归理性。

1. 思维方式变得理性

曾经，我以为“爱”可以创造一切奇迹。我高举爱的旗帜，对学生进行全天候的跟踪与监督。学生不满，我不在意，我只认为是孩子小不懂事，总有一天他们会明白我的良苦用心。哪怕就是累得病倒了，我也毫无怨言，自忖一定可以感动学生。可是学生却撇嘴说：“她是真的对我们好吗？还不是为了她自己的名和利！”为这话，我气得得了心绞痛，天地良心，我是真的爱他们啊！

曾经，我以为教育是一件很简单的事情。坚持反思写作之后才知道，教育是一门复杂的科学，甚至比自然科学更复杂，因为面对的是多变的人性。所以教育是“慢的艺术”，不是一蹴而就的事情。于是，遇到失败也就不再灰心，而是擦干眼泪继续前进。看着学生，也不再烦恼，而是觉得与青春做伴，是一件幸福的事情。

从此，我看学生、看教育、看教育中出现的问题时，思维变得理性，教育行为也变得更加稳重而妥当。

2. 教育语言变得理性

过去，我以为教育无所不能。我对“没有教不好的学生，只有不会教的老师”深信不疑。每天，我对学生要么不厌其烦地“动之以情，晓之以理”，要么恨铁不成钢地“爱之深，责之切”。我苦口婆心，费尽心血，得来的却是学生毫不领情的评价——“废话连篇”。

以前，我喜欢抱怨，总是埋怨学生这不行那不行，牢骚满腹，结果学生真的就不行。当然，老师也不行了——教着一群不行的学生，谁还认为老师行呢？

进行专业写作之后，我才发现那样的埋怨是最损人不利己的，而且是最没教育水平的任性话。后来，我在学生面前坚决不说他们不行，而是理性地指出他们存在的长处与短处，告诉他们如何去发扬自己的长处，避免自己的短处。这样说，学生就很容易接受了。

3. 教育行为变得理性

原来，我总是处处维护师道尊严，以为老师就是发号施令的角色。学生做清洁工作时，老师只是站在一旁当个袖手老爷，只管发令。通过写作反思，我才发现，亲自参与劳动是一件多么美好的事情，这可是与学生沟通、构建和谐师生关系的最佳时机！

专业写作促使我在实践中反思，在反思中提高。不管是教育眼光、思维方式，还是教育观点，都没了以前那种非左即右的极端。正是因为能够辩证地看人看事，我的教育行为变得理性了。一旦教育行为回归理性，很多问题就迎刃而解了。

班上有名学生与外班学生打架，哭着来告状，胳膊上还“挂彩”了。要以我以前的脾气和对教育的认识，我一定会帮我的学生出气，找到那位打人的学生，骂得他狗血淋头。可是，现在我不再动怒，而是冷静下来，在学生中展开详细的调查，弄清事情发生的始末，客观公正地划分当事人的责任。双方对我的处理不但毫无异议，相反还毕恭毕敬。

叶澜教授曾经讲过：“一个教师写一辈子教案不一定会成为名师；如果坚持写三年的反思，则有可能成为名师。”我不希求成为名师，但我感谢专业写作帮我找回了教育的理性，让我在琐碎的教育生涯中找到了职业的幸福感。

（广东省深圳市光明中学　钟杰）

【评析】

探寻专业写作的意义

我们喜欢追问意义。那么，班主任的专业写作，究竟对我们有什么意义呢？三位老师现身说法，从中我们不难发现，专业写作对我们的思维、对我们的工作、对我们的生活，影响都是巨大的。

专业写作可以促进反思，提升专业境界。经常从事班主任专业写作的教师，因为积累了很多材料，总结了很多经验，对事件反应的敏感度，思考问题的宽度、深度，远比不写作的教师高。钟杰老师的《专业写作让教育回归理性》，就是对这一观点的印证——写作促使她在实践中不断反思，持续提高，使其教育行为回归理性。

专业写作可以提高我们的实际工作能力。这一点不证而明，正如陈爱勤老师所说："专业写作让我变成一个爱思考、会思考的教师。遇到问题时我不再痛苦，不再抱怨，而是用心思考，认真考虑解决方案，然后付诸实施，及时总结，结果很多问题迎刃而解。现在，我感觉自己的生活每天都是新鲜的。"

专业写作可以创造专业发展的机遇。从一个不爱写作、不善于写作的教师，成长为郑州市"博客大赛"两项大奖的得主，陈爱勤老师的成长可以说很具有典型性。她的成功有偶然性——因为换岗位被逼写作，也有必然性——因为写作而上论坛，因为上论坛结识了专业发展中的几位重要他人，从而走上了专业发展的快车道。试想，如果她故步自封，不参与专业写作，那后面的机遇是否还会有呢？

专业写作可以创造宝贵的精神财富。教师个人的专业写作可以为自己创造一份精神财富。钟杰老师从2006年以来坚持专业写作，至今已经在班主任之友教育论坛上留下了《静听花开的声音》《教育航海记》《教育西游记》等200多万字的原生态教育叙事。这些教育叙事，真实地见证了一个普通教师如何成长为杰出教师的全过程，这成为她一生重要的精神财富。

而这些宝贵的记录，在更多一线教师的阅读、学习、交流中变成了大家共同的精神财富。

专业写作可以提升我们的生活质量。写作是一种精神层面的追求，更是一种心灵的探寻和释放。它能够让我们发现更多生活的美，发现更多幸福。潘颖老师从专业写作中感受到了创造的快乐，体会到了家人的关心。这种愉悦与幸福，正是专业写作带来的巨大收获。

…………

如果要说班主任专业写作的意义和价值，三天三夜也说不完。最后，我只想强调，班主任专业写作是我们心灵休憩的精神园地，是个人成长的推进器，也是专业发展的加速器。

（广西壮族自治区钦州市子材小学　温爱娟）

四、分享我的小经验

很多教师说："名家太遥远，我们是草根，有没有草根班主任在专业写作中受益的？"太多了！现在是草根时代，时代在呼唤着草根班主任专业成长。下面这些草根班主任在专业写作上的收获和体会，将让你对专业写作了解得更清楚。

【案例1】

从白手起家到靠写作"发迹"

他是一个不爱写作也不会写作的人，从小学到初中作文都是在老师的威逼下拖到最后才上交的。读师范三年他从没有正儿八经地完成过一篇作文。参加工作后，他的年终总结都是抄袭的。而且，从光屁股娃娃到参加工作，他只在上师范时读过《平凡的世界》和《暮雨》两部小说。刚参加工作时，他也曾下决心补一补经典阅读这一课，借来《水浒传》和《三国演义》，可读了几页就撂下了。既不读书也不写作，那么他做什么呢？他在干一项“事业”——“伟大”的麻将“事业”！

然而，这样一个胸无大志、不学无术、吊儿郎当的赌徒，现在却是“班级自主化实验”课题组核心成员，班主任之友教育论坛优秀版主，一年要在《班主任之友》《河南教育》和《班主任》等杂志上发表大小文章近十篇。他已经成为河南省班主任圈子里的一位新星，现在，他的职业理想是成为一名班主任工作研究者。

这前后判若两人的人是谁呢？就是我——靳增果！那么，我是如何实现从一个写作的门外汉到靠写作“发迹”的班主任新星的呢？

1. 加强网络学习

2008年6月中旬，我偶然在《教育时报》上读到名班主任李迪因网络写作成功的故事，一时好奇就在网络上搜索她的网名“初荷”，就这样，我走进了班主任之友教育论坛。当年6月19日，我在班主任之友教育论坛注册成功。

在上论坛的前三个月，我大量阅读网友们的帖子，除了回帖，还把读到的精华内容摘录下来，取名“教育长短句”。我是个爱瞎琢磨的人，上网发愣的间隙，琢磨起初荷老师和郑学志老师，我个人认为他们的成功在很大程度上得益于他们善于写作。于是，我也产生了通过写作出名的冲动。在2008年国庆长假期间，我正式开始在班主任之友教育论坛上开帖写作。这之后，我就再也没有打过麻将。

随着学习的深入，我逐渐认识到自己最初的写作动机的愚蠢与可笑，也知道了名师们成功的不易。要成为名师，不仅需要“写得好”，更需要“做得好”。郑学志老师曾说过：“班主任专业写作，应该是做好班主任工作在前，写作在后，所有的写作都应该服务于班主任工作。”“要想写得精彩，就应该做得精彩，不能够关起门来造车。”“班主任专业写作，必须先摆正做与写的关系，关系摆不正，得了写作的芝麻，丢了班级管理的西瓜，最划不来。”这些话点亮了我的前途。

网络学习，让我理清了生活、工作、写作和娱乐的关系，妻子因为我不打麻将了再也不和我吵架了，领导因为我的工作有起色了而对我另眼相看。

2. 注重实践积累

我曾经和郑学志老师交流写作体会，他说："工作中，经常有些意外的东西、有些成功的做法，也有些无法处理的困惑，这都应该记下来。很多思绪与认识，稍纵即逝，不记录下来就再也寻不回。一般人常有这样的体会——读了别人的文章，就会说：'怎么跟我想的一样？可惜了，自己当时没有记录下来，没有写成文字，真是可惜了。'"

这些话对我影响很大。从此之后，我随时携带本子和笔，无论是在课堂上还是在课间，无论是在农忙时还是在闲游时，只要有一点点发现或者灵感，我就马上记录下来，哪怕只是记录一两个关键词。到晚上，再把这些关键词输入电脑备用，这些词往往能成为我写文章的关键材料。

现在看来，靠写作成为名师的动机虽然很可笑，但确实让我尝到了写作的甜头。首先，让我积累了丰富的实践工作经验。而这些经验，往往就成为我独特而有个性的工作特色。阅读是学习、吸收别人的经验，写作则是积累自己的经验。我处处留心工作中的点点滴滴，怎么组织班会、怎么辅导后进生，甚至怎么和家长谈话等，我都记录下来。过去，我们常说历史往往有惊人的相似之处，班主任工作很多时候就是很多事情的重复，但是很多教师因为没有记录的习惯，很多事情第一次经历、第一次面对时是那个水平，很多年之后还是那个水平，丝毫没有进步。而我却因为养成了记录的习惯，很多事情第二次面对的时候，就胸有成竹，一些复杂的事件处理起来也头头是道。同事们惊讶地说："果子神了！"其实哪里是什么神了，我只是从前面的经验中学乖了而已。

3. 善于分析研究

我有一个写作的秘密武器——加减法。我利用它写杂志社的征文，可以说一写一个准，从没放空过。

何谓“加减法”呢？答案很简单，那就是学会研究分析，学会做学问。比如说我要参加杂志社征稿，首先会找出征稿主题的关键词，在自己的 Word 文档中搜索，把查到的所有词句、语段和文章都复制在一起。然后，用同样的方法在网上搜索，把搜索到的有价值的材料也复制过来，这样材料就会越来越多。这就是第一步——“加”，也就是搜集、整理材料。然后是“减”，就是分析之前搜集到的所有材料，将相同的观点合并，再看看哪些是陈旧的观点、哪些是新鲜的观点，哪些是别人的观点、哪些是自己独到的观点，哪些观点有现成的材料做论据支持、哪些观点只是空洞的说教。接下来根据需要一点儿一点儿向下砍，直到只剩下那些新鲜的、自己的、有论据支持的观点和材料，稍做整理就是一篇发表概率较大的好文章了。这就是第二步——“减”。我的《班级活动“三忌”》和《由“乒乓球赛”事件引出的临时班委会》等文章的发表，都是受益于这个“加减法”。

也许会有教师说，我的这个加减法有些投机的成分在里边，实际工作是做出来的，不是写出来的。我认为这话不对，其实写也是一个吸收、借鉴、辨析的过程，想法在写的过程中完善了，实际工作也会随之发生改变。

4. 积极沟通交流

我仔细研究了郑学志、钟杰、李迪这些“70 后”名家乐意在班主任之友教育论坛上发帖子的原因，原来论坛写作成了他们和一线教师交流的绝好机会。文章发表在论坛上，常有热心朋友跟帖，朋友的一声声鼓励与问候，冲淡了现实中专业写作独行者的孤独与困惑，振奋了他们的精神，坚定了他们进行专业写作的信心。这时，写作就成为专业发展的润滑剂，论坛就成为专业发展的加油站。

于是，我也开始在论坛上发帖。刚开始，我也常常遭受冷落。有时，写成了一篇自我感觉良好的文章放在论坛上等着别人来夸奖，结果无人问津。该怎么办呢？积极学习他人，多跟帖欣赏和鼓励别人吧！吸引别人关注自己的最好办法就是先去欣赏别人，关注别人就是为自己争取支持。果然，不久之后，我的帖子的关注度就直线上升。有时候我提出一个问题，出谋划策的跟帖就有几十个。

一次，我看到一个关于学生低碳生活的征稿，刚开始我还不知道什么是“低碳”，就向大家请教，大家你一句我一句说开了。后来我的文章《低碳生活是一种时尚》就在《河南教育》上发表了，其实这很大一部分是论坛网友的功劳。文章发表后，我的同事们不但没有嫉妒我，还乐呵呵地帮我收集那期杂志做留念。

5. 养成写作习惯

2009 年大年初一，我为自己定下了每天写一篇日记的要求。为了不增加心理负担，我特别加上一条：为养成写作习惯而写，只求每天一篇，不求长短，哪怕是胡思乱想。我坚持了下来，到今天为止，我一天都没落下，我没有统计准确数字，但至少有二三十万字了吧。可能是因为我的执着，也可能是因为我比较幸运，我当上了班主任之友教育论坛的版主，应邀参加了郑学志老师的“班级自主化实验”并成为核心成员，在国家级刊物上发表了数篇文章。

短短几年，因网络写作，我从一介赌徒蜕变为一个“最幸福”的人，说是“发迹”不过分吧。

（河南省汝州市蟒川镇任村小学　靳增果）

【案例 2】

专业写作的四个窍门

参加班主任专业写作非常偶然。在一次群聊中，几个班主任不停地晒自己班孩子的不良行为，都在抱怨班主任工作的困难与自己的力不从心。当时，我就在思考，我们班也有这种孩子，但并没有给我带来什么大的烦恼啊。我能不能将我的做法梳理出来，供这些因为学生而有着无尽烦恼的班主任去参考呢？于是，我拿起笔，选取了记忆中印象最深刻的三个孩子，将他们的故事写出来。没想到被《班主任之友·小学版》的编辑老师相中，发表在2010年第12期上。

从此，我的班主任专业写作一发而不可收，从2011年1月至5月，光在《班主任之友》上我就连续发表数篇文章。因为“中奖”率高，一些网友让我总结一下投稿体会。我觉得对于一线班主任来说，专业写作要注意以下四个诀窍。

首先，平时要注意及时积累。

无论是好的班级还是相对较差的班级，每天都会发生各种各样的事情。这些事情是班主任专业写作的第一手素材。只有及时记录、整理，才能在写作时有材料可用。比如，孩子出现问题时，我总是在处理后及时将感悟记录下来并进行反思。

其次，写时要注意以小见大。

我们常说“教育无大事”，然而，这些班级管理中出现的琐碎小事，对于个体的孩子来说，都是大事。处理得好，可以安抚孩子的情绪，提高孩子的自信，增强孩子的凝聚力；处理不好，会对孩子的心灵造成难以弥补的伤害，影响孩子的身心健康。

因而，班主任专业写作不但要注意描述当时的场景，也要适当揭示其中所蕴涵的教育规律或教育原则。当然，这不一定非得用理论来阐述，也可以用自己对于这些事情的感受来表现。

《班主任之友》中绝大多数文章都是这样的。因而，这也可以作为班主任专业写作的一个原则去掌握。

再次，写后要注意多加修改。

“好文不厌百回改”，这是有道理的。因为第一，写作时第一时间阐述的是当时最真实的感受，也是最原始、最粗糙的感受。这些感受不一定恰当，还可能有点儿偏激。因此，写完后进行合理的修改也是必不可少的。第二，文章的表述是否简洁，有没有可有可无的文字，这也是值得关注的。

最后，一定要联系工作实际。

为什么我的投稿命中率高？因为那都是“做”出来的结果。只有经过实践检验，才是有价值的。比如，当我认识到班级管理组织形式过于单一时，就有意识地引进了陈晓华老师的“班级部落制”；当我在实际工作中认识到对于犯错误的学生不仅要宽容，也要关注其犯错背后的原因时，我的《除了宽容，我们还应该做些什么》发表了；《引进家长力量，做好青春期教育》，那更是家校联系的本真记录……

（安徽省芜湖县湾沚镇第二小学　庄华涛）

（主持　郑学志　湖南省邵东县两市镇第一中学）

第五章　专业共同体，给你起飞的平台

> 这里学会的不只是表达、聆听、分享、互助；这里寻求的不只是同意、理解、接纳、赞赏。每一次对话都是一次深度的学习，每一个个体的困惑都成为公共的探索，每一个个体的困境都解救于集体的智慧，每一个个体都将成长为一片无法复制的绿叶，每一个团队都将因这一片片绿叶的生长而变得生机勃勃！

专业共同体是人们因共同的使命、共同的愿景而在一起学习的组织，共同体中的成员共同分享学习的乐趣，共同寻找通向知识的途径和理解世界的方式。学习的过程就是一种合作和交往的过程，这已经成为班主任们的共识。以分享、合作为核心，以共同愿景为纽带的群体性的合作学习，逐渐成为班主任持续不断地学习以实现专业化发展的必由之路。

我们为何要走向共同体？共同体以什么来支持学习？如何构建学习的机制？我们在共同体中怎样成长？我们的共同体将如何发展？

一、校本专业研修

我们发现，正如天气可能左右我们的心情，校园环境与氛围也可能左右教师的工作方向与效率，因此，给班主任营建一个学习氛围很浓的团队，无疑可以激发其德育创新的内在潜能与动力。

【案例1】

有效的班主任专业发展共同体

我们为什么存在？我们为什么在一起？我们究竟应该做些什么？

这是我在“8+1”工作室建设过程中经常思考的问题。相对于教学交流来说，班主任之间的交流缺少内驱力，他们很难形成团队。这也是很多学校班主任专业发展共同体建设流于形式的重要原因。在校本班主任专业发展共同体建设方面，我们进行了六年探索，总结了一些经验。

1. 有效的班主任专业发展共同体需要四项条件

（1）有领军人物

如果缺乏领军人物，共同体的学习和发展将会止步不前。领军人物的高度决定着共同体发展的高度，特别是在共同体的组建阶段和发展的节点上。领军人物需要具备以下几点要求。

专业能力。包括解决班级管理过程中疑难问题的能力、指导团队阅读和教育叙事写作的能力、推进共同体的组织能力。这是获得共同体伙伴认可的首要条件。

专业成果。包括自己所带班级的成绩优秀（这一点在校本班主任专业发展共同体中尤为突出）以及领先的班主任理论研究成果的呈现。

民主性格。包括乐于分享、善于沟通、勤于反思、服膺真理、勇于承担、敢于创新等。团队成员只有视彼此为工作伙伴，才能共同深入思考问题，发生深度交流。如果领军人物视自己为不可侵犯的领导或不可超越的权威，共同体就会变成一个唯上的组织而缺乏活力。这也是很多行政力量推动的共同体建设成效甚微的重要原因。一个由民主性格领军人物组织的团队一定有着伙伴们彼此欣赏、乐于分享、真诚批评、勇于争辩的民主氛围。这样的共同体，人人都是赢家。

外界通路。领军人物需要有一定的外界交往能力，包括与班主任专家、媒体和其他共同体建立良好关系，能够给伙伴们发展提供平台和通路。我们不能一概否定年轻班主任加入团队是为了发表文章，抑或是为评职称、晋级做准备的功利化追求。因为当他深入理解团队存在的真正意义时，他就会把班主任当作一项事业。

（2）有群体目标

我们为什么在一起？共同体要有不同阶段的奋斗目标。死看硬治型（靠勤奋或强势的性格）、方法技巧型（靠一招一式的应对技巧）、激情澎湃型（能“忽悠”、善鼓动）班主任虽能带出成绩优秀的班级，但并不专业。专家型班主任不仅掌握了一定的带班方法和技巧，而且有一定的教育思想，并形成了自己的管理体系。“8 + 1”工作室的目标分三个层次：成绩优秀→研究成果→专家型班主任。带班前三年努力争取所带班级学校考评优秀，增加成员的认同感和自己的成就感。带班六年的教师要有自己的研究成果（论文或专著），最终目标是做一个专家型班主任。

（3）有团体学习

团体学习的主要形式有以下几种。

共同阅读。寻找共同的语言密码。我们确定每月共读一本教育专著，每次研讨时交流读书感悟。在此基础上确定每个人的根本性书籍，帮助每个人找到符合自己个性的阅读方向。第一个阶段，研读当代教育名家与一线名班主任的著作；第二个阶段，阅读中外著名教育大师的著作；第三个阶段，攻读心理学，主攻方向为发展心理学和人格心理学。而伴随班主任终生的则是人文阅读。

专业写作。可使团队顺畅交流。即使在同一学校、相邻的班级，每天发生在不同教室里的故事也是大不相同的，我们注重教育叙事和周记、班级日记的批阅。目前工作室有 12 人在专业论坛上共同写作，记录每一天的教育生活，分享彼此的经验与教训。

集体探究。分为主题研讨和案例分析。主题研讨围绕实际工作中的问题展开，形成系列。如一学期集中研讨“如何提高班级德育量化成绩”，为了提高研讨的实效性，在研读学校考评条例的基础上把这项工作分解为寝室、卫生、跑操、纪律、安全、活动六个系列，然后再逐一细化。研讨前，每个成员研究以形成短文，交流讨论，集思广益后修改丰实。最后成体系梳理，提升为理论，用来指导团队成员的实际工作。

案例分析则是将在班级管理过程中遇到的问题以案例的形式写出来，由团队成员进行多角度的分析解释，以帮助个体解决问题，在此基础上形成团队的典型案例库。在深度交流中，打碎习惯性防卫心理，每一个人都能从交流中获得进步。

进步、成长和更新的动力主要是集体探究。集体探究的过程可称为“团体学习循环”：集体思考——共同体成员共同讨论彼此的做法并进行友好而充分的质疑；共同的信念——共同体达成共同的基本观点和洞见；合作计划——共同体共同设计行动步骤，验证他们的共同观点；协作行动——共同体协作执行行动计划，行动不必共同进行，可以由共同体成员独立完成。集体探究能使共同体成员形成新的技能和能力，新的技能和能力反过来又能带来新的经验和认识，逐渐地，提高了的认识转化为态度和信念，这就完成了一个重要转变。

资源分享。只有乐于分享自己的阅读体会、管理经验、德育资源，共同体伙伴才会彼此支持。如我们开展分享德育资源的“十大工程”——每个成员在 3 年内写出 10 个案例（早恋问题、网络成瘾、盲目追星、盲目攀比、人际交往、逆反心理、逃学厌世、吸烟饮酒、考试作弊、打架斗殴）、10 节班会、10 个活动，推荐给学生 10 本书、10 篇文章、10 个故事、10 个栏目、10 部电影、10 个视频、10 支歌曲、10 个榜样、10 句话等。这样，依靠群体的力量很快就建立起了团队的德育资源库。

成果展示。在团队学习的基础上，每个人梳理具有特色的个体研究成果，并在学习会上展示，经团队研讨丰实再修改，通过这一途径培养团队专家。

现场观摩。团队伙伴互相观摩班会课、班级活动课、教室文化建设、寝室文化建设、学生周记、班级日记、班级史册等，然后展开评议，用教育理论剖析观摩活动，让感性认识上升到理性认识，彼此学习活动策划和创意。

聆听窗外。除有计划地请名家来学校做报告，还依托市教育局、学校的力量让团队伙伴一起外出学习，如参加新教育年会、全国中小学班集体建设理论研讨会等。这些会议为团队注入了新鲜的教育思想，涤荡了日常僵化应试教育带来的困扰，团队伙伴的研究方向、行动纲要都是在会议期间研讨确定下来的。

（4）有核心理念

“我们都是普通的人，但对教育事业的热爱让我们不甘于普通；我们都是平凡的教师，但对学生的热爱让我们不甘于平凡。行动起来，我们共同倾听专家和同伴的声音，我们共同追寻教育的理想和真谛，我们共同书写人生的幸福和美丽！”这是“8+1”工作室的宣言，如果教师学习共同体仅仅停留在交流学习方法、改变育人手段的层面，那是低层次的交流，这样的团队是不具备自我成长的能力的。学习型组织必须有共同的理念和价值观，这是一个基本前提。重要的是使命、愿景、价值观必须是生成的，这样才会深深扎根于全体同伴心中。

2. 有效的班主任专业发展共同体需要合理的程序

共同体建设分为初始阶段、执行阶段、规范阶段，不可一蹴而就。

初始阶段。在实践过程中我们逐渐摸索出第一年的研讨模式：上周做法+下周规划。这一阶段约持续一年。在这一阶段，我们确定交流的时间、地点、主持人，定位在经验交流层面，能够兼顾到不同层次的班主任。

执行阶段。约需一年。在第一年研讨的基础上，我们认识到班级管理的研究和班主任的成长绝对离不开自己的班级，离不开对学生每天在校生活的深度参与，和学生一起奋斗、共同生活是最好的教育方式。在此我们通过“四课”来规划我们每天、每周、每月、每年的教育行为和教育研究，这就是“做功课”。长期坚持行动研究，进而创新产生新思想，提炼为新价值，这才叫“做功课”。我们的“四课”分别为：日课10项，即和学生一起跑操、每天阅读一小时、共写班级日记、和学生一起写寄语、和学生一起唱歌、和学生一起宣誓、学科教学德育化、营造温馨的“家”、一日“总统”演讲、每天写教育日记；周课5项，即周记、班会、家校联系、资源管理、团队研修；月课3项，即共读一书、活动策划、民主评议；年课2项，即课题研究、旅游开会。合计为20项修炼。2008年制定团队行动纲要时它们被确定为团队成员共同遵守的行动准则。团队成员相互督促，有效地提升了团队的专业化水平。

规范阶段。建立组织机构，制定学习制度、例会制度、活动制度、考评制度、课题研究制度，并依据制度对成员进行考评，进而确定核心成员，以核心成员带动共同体发展。《“8+1”工作室行动纲要》对团队的性质、理念、目标、模式、功课、文化做了明确的界定，同时我们还制定了《“8+1”工作室行动契约》，从班级成绩、研修活动、班级自主化教育管理课题等三方面确立了量化标准。一些网络共同体或名师团队，由于成员成长意识强，一开始就可以完善各方面的制度，而校本班主任专业发展共同体建设则比较艰难，它需要帮助成员学会带班的基本技巧，并在这个过程中培养专业意识。经过前两个阶段的建设，团队成员的专业意识明显增强，这时就可以进入规范阶段。

3. 有效的班主任专业发展共同体需要共同超越

共同体的学习意愿与能力根植于成员们的学习意愿与能力。因此，有效的班主任专业发展共同体的发展以个体项目和群体项目的完成为标志，只有个体和共同体实现共同超越，组织才能具有可持续发展的生命力。

团队成员既有共同探索和追求，又有个人研究领域。把“8+1”工作室放在一个更大的共同体当中更有利于我们的成长。于是我们共同参与了郑学志老师主持的“班级自主化实验”课题，并将此作为群体项目。此外秦望的“高中生涯规划教育”、杨兵的“高中班会研究”、王晓琳的“《论语》课程”、魏俊起的“企业文化与班级管理”等实验都各具特色。

经过六年的努力，我们打造出一个温暖和激励人心的班主任成长生态环境，我们相互感染，互相扶持，探索出一条校本班主任专业发展共同体建设的有效途径。目前，团队23人中已有10人被评为市级优秀班主任，发表文章200余篇，出版专著3本，参著10本，应邀外出做报告100余场。《人民日报》《教育时报》《中国教育报》《班主任之友》等多家媒体曾对团队进行过相关报道。

（河南省济源市第一中学　秦望）

【案例2】

倾听同伴，走向共生

在课题的引领下，共同体不仅仅是一种共行，更是一种共生共长。2009年我校以江苏省教育事业发展“十一五”规划重点资助课题——“小学‘倾听教育’的理论与实践研究”为引领，组建班主任倾听团队，以“倾听”为聚焦点开始了自动自觉的思考，开始了敞亮的倾听与接纳，实现了精神的相遇相通。

1. 每日“今日说事”，让细节越发闪亮

关注细节，细究细节，才能将教育做到极致。每天早操结束后，教师以共同体成员为核心，在操场集会来进行“今日说事”，从学校实际出发，选择一些典型场景，从中审视德育现状，及时把脉，发现问题，共同会诊，寻求突破。这可以让班主任变得更敏锐，让更多细节被注意、被发觉，让教育变得更美丽、更迷人。

2. 每周“泮水论坛”，让理念不断更新

每周“泮水论坛”，由“学研共同体”成员轮流主持。当然，成员也可根据活动主题主动申请。这就促使每一位班主任都真正融入其中，让自己成为活动的主人。“书友会”，谈阅读感悟，诵精彩片段，谈实践体会；“德育秀”，轮流讲述自己最得意的德育小故事，彼此欣赏，互相启迪；“烦恼

热线”，说近期的困惑、烦恼，共同排忧解难；“案例剖析”提倡深度对话，由核心成员轮流从教育教学刊物或我校现实生活中选取案例，一起解读，剖析其中蕴涵的教育理念，发现其合理内核或不当之处。当我拿出《面对两只“斗鸡”》的案例时，同伴们赞同其中四条合理措施，也提出了其中的不当之处，以及有关后续教育的十条建议。这样的剖析，既充分发挥了核心组成员的示范、引领作用，又引领班主任们去冷静思考：怎样从点滴事件入手，让德育工作变得更有震撼力、更具持久性和艺术性？

3. 每月“级部行动”，让合作日益和谐

着眼于主题教育，展开“级部行动”，每月在学校德育处的统领下，把准社会脉搏，结合学生实际，确定下月的主题，本着常态化、多样化、活动化的原则，分年级组讨论、策划活动方案，努力让教育落到实处。这样的“级部行动”，既体现了德育的层次性、体验性，又没有打乱教育教学常规，让学生在充满情趣的活动中动脑、动手、动心，聆听生命拔节的脆响。

比如，以倾听教育行动纲领为线索，深入挖掘倾听元素，分年级开发倾听教育主题班会系列微型课，二年级“倾听师长”、三年级“倾听同伴”、五年级“倾听窗外”、六年级“倾听自我”等，对班会的常态性、及时性、层级性、序列性做了深入探讨。

一次次主题活动策划、一次次级部行动，提升了个体的策划能力，形成了学校德育工作磁场，让学生在快乐中学习，师生共同实现了超越。

4. 专家一对一，让思考走向理性

如何撰写教育叙事、随笔？如何进行课题研究？如何开展实验？课题核心指导者、教科研中心冯卫东主任进行聆听、评点、鼓励，给出研究方向、方法，推荐相关书籍，令每一位老师跃跃欲试……我们不再只靠着激情与一些零星经验埋头做事，更有理性的思考与研究的方法。每次对话交流成为我们成长的必需品，我们践行着研究的方法，体验着研究的快乐，

产生了强烈的研究愿望。

5. 先试点，让效果少打折扣

为了让研讨更为扎实有效，我们努力让共同体成员形成核心力量，并辐射全校，带动全体班主任，携手共进。一次实验，汇集众人智慧，构思酝酿，形成初步方案，不急于全面铺开，先确定几个班试点，由试点班作为“先头部队”进行实践，观摩评估后总结改进，形成较为完善的方案再全面推开，让教育效果少打折扣，让德育少走弯路。

6. 学期自我规划，让个性充分彰显

每位班主任都应是“个性化的存在”，“学研共同体”还肩负着打造每位班主任独特个性的重任。

每学期初，每一位班主任都对自己的兴趣、爱好、能力、特长、经验及不足等各方面情况进行综合分析权衡，确定最佳奋斗目标，提交“发展规划”。以年级组为单位，交流“规划”，同伴互阅，提出建议，个人合理吸收完善。班主任“学研共同体”给予相应帮助，如根据发展方向有针对性地组织培训；提供与发展方向相关的文献资料；询问个人在发展中需要的帮助；让发展方向相近的班主任组成协作体，自由交流互补……

学期末，举办“班主任专业成长录”活动：结合“发展规划”，回顾、总结，简报汇报，探讨修正，从而让每一位班主任品尝到专业成长的快乐，在共同体内形成互相激励、互相启迪、积极向上的良好氛围。

在课题的引领下，每天、每周、每月、每学期，我们在倾听同伴中，唤醒激情，激发活力，深刻思考，感受诗意……我们欣喜地看到了学校、教师、学生走向共生的美丽画卷。

（江苏省如皋师范学校附属小学　章小英）

二、区域倾力打造

师与师、校与校是有差异的，而差异就是一种资源，如何利用区域优势，锻造出真正的名班主任群体呢？教育行政机构正在尝试着打造本区域内班主任专业共同体，以点带面，辐射全区，最终实现全区班主任队伍的专业化。

【案例1】

我们在路上

1. 上路：因困境而坚定

光明新区成立于2007年，位于深圳市西北角，经济、社会发展相对落后。2009年6月，我们对班主任队伍现状开展了专项调查，发现新区中小学班主任学历高，津贴较高，但工作时间长，压力大，工作意愿低；成长需求强，但培训机会少、效果差，专业能力不容乐观。教师们“不想做班主任、不长做班主任、不会做班主任”，直接影响了队伍建设的质量，也影响了区域教育的发展。这引起了新区教育主管部门的重视，也坚定了变革的决心。《2009—2012年光明新区中小学班主任培训方案》迅速获得通过，公用事业管理局还为此拨出29.6万元专款用于班主任全员培训、骨干班主任培训。在行政部门的大力推动下，班主任培训成为新区教师培训的第一场重头戏。

2. 择路：因专业而清醒

常规培训一般设计为四个环节——集中培训、课题研究、实践探索、考察交流，但效果并不显著。那么，如何将这批学员锻造成为真正的名班主任呢？

我们幸运地结识了《班主任之友》的熊华生主编，了解了《班主任之友》杂志与教育论坛，从中认识了班主任领域中的许多知名专家、草根名家，以及他们的成长经历。正是出于对班主任专业化的共同追求，我们得到了班主任之友杂志社的大力支持，熊华生主编、刘永存博士亲自为我们推敲、设计名班主任培训方案，把“网络研修”作为一个核心环节引入培训过程中。他们派出了最强的阵容来到深圳现身说法，唤醒班主任们对于专业发展的新希望，“内心充满不安和惶惑”的学员们通过自由讨论，最终形成了“每月一次网络专题研讨、一本专业书籍阅读、两篇教育叙事写作，每学期一次集中培训”的底线共识，在这个基础上，有条件的学员将努力超越，率先成长。

在不断探索中，我们的培训思路逐渐明晰，即以打造师德优良、爱岗乐业，专业成熟、成果丰硕，在一定区域内影响广泛、具有相当知名度的“名班主任”为目标，努力做好“集中培训”、“网络研修”、“实践探索”三个板块，重点以班主任之友教育论坛、QQ 群为依托，尝试用听（聆听专家、学者的讲学和优秀教师成长经验介绍等）、说（借助论坛建立“深圳市光明新区名班主任研修专区”进行主题学习帖交流，利用 QQ 群等途径每月定时进行专题研讨）、读（专家指导，阅读经典）、写（写“班级叙事”、自我反思）、研（个人小专题研究与大课题科研相结合）、授（共同体成员面向其他教师进行成果展示、班会示范、集体讲座、个别指导）来贯穿培训的全过程，希望学员多听、能说、勤读、善写、精研、会授，最终实现骨干班主任专业自主成长。

3. 蹚路：因扶持而温暖

然而，在行动上落实计划却不是那么顺利，学员的工作与生活压力较大，且很少受过专业阅读与写作的训练，客观上影响着大家的积极性和可持续性。怎么办呢？针对老师们对叙事价值的怀疑，我们提倡“先写下去、先做下去”，不纠缠、不迟疑，积极鼓励发帖，让更多学员开展教育叙事。针对老师们对作品质量的担心，提倡“只欣赏，不挑剔”，以欣赏的姿态对待学员、同学及其作品，为其鼓掌，为其找到亮点、闪光点、生长点。针对老师们的学习与生活压力，努力营造“十点钟的阳光”团队，形成幸福、温暖的生活文化，关怀每一位学员，鼓励小组互动，共享学员每一份成功的快乐。同时倾听矛盾与困难，理解困惑与犹豫，运用多种资源加强帮扶，因此团队出现了很好的向心力。

4. 赶路：因成长而自信

学习、培训成果的展示与呈现，不但是评价班主任学习的重要环节，也是班主任学习的另一个起点，是深化专业学习的一种方式。我们发挥教研培训机构的优势，积极创设学习与展示的平台——作品发表、成果展示、班会示范、集体讲座、个别指导等，用成果激励学员成长。

如利用《班主任之友》、光明教育在线等媒介，给优秀学员创造展示的机会；利用新区教研中心的平台，培训新教师，开展德育教研会、百校扶百校交流、班主任大赛、课题参与等活动，丰富学习机会，推动优秀成果展示、经验推广，深入进行专业研讨；利用专家资源，个别指导，开展小专题研究，形成个性特色。

半年内，2 次集中培训，6 次网络集中研讨，集中读书 3 本，在班主任之友教育论坛发表教育叙事帖子 2607 个，形成 5 期汇报成果，共计 27 万字。多名学员在正式期刊上发表班主任专业论文 11 篇，进行区级及以上专题讲座、主题发言 19 次，获区级以上奖励 16 人次。

我们相信，只要有行政机构坚定的支持，有专家团体的智力援助，有学员团队的情感互助，有展示平台的不断扩展，形成有力之士、有志之士、有识之士、有为之士的良性互动，相信我们锻造名班主任的路会越走越远，越走越宽。

（广东省深圳市光明新区教育科学研究管理中心　谢德华）

【案例 2】

德育区域推进，我们在行动

“季春华名师工作室”是个跨学校、跨年段、跨学科的骨干教师学习共同体。工作室以德育研究为抓手，以点带面，推动全区班主任队伍的成长，现已成为南通市经济技术开发区教育的一张名片。

1. 梯级组建二级团队，辐射全区，形成发展网络

根据规划，“季春华名师工作室”第一梯队的每位成员都必须组建自己的团队。团队组建时，一、必须跨学科，二、必须跨学校，三、每个团队至少 5 人。这样工作室第一梯队的 9 名成员就组建了 9 个二级团队，共 50 名班主任参与其中，他们覆盖了全区每一所学校。工作室要求二级团队的成员需有发展规划，对团队负责人有具体的考核要求。在平时的活动中，第一梯队与二级梯队单线进行、双线并进相结合，努力使工作室辐射全区，形成发展网络。而且依托“季春华名师工作室”教育博客（博客由专人负责，将成员的博文打印出来分类存档、考核，有力地促进了全体成员在博客这片天地里理性地思考、交流、成长。建立 QQ 群，管理团队、工作室的活动安排均在 QQ 空间发布），实现网上即时研讨，师徒共读、师徒同写、师徒互批互改，全区各校班主任同时在线等，这已成为我区教育的一大特色。

2. 开展特色德育阅读，使共同成长有发展之根

季春华要求全体成员博览群书，成立了博雅读书社，订阅了《班主任之友》《中小学德育》《教师博览》等杂志，购买了大量图书，并为每一位成员购买了中国知网等专题阅读网站的阅读卡，拓展了阅读的范围。为了发挥博雅读书社对全区的辐射作用，各校设立了相应的读书社，对各校班主任开展德育阅读起到了很好的引领作用。

我们还开展图书在校际班主任之间漂流的活动。我们在每一本漂流的

图书中增添“感言页”、“创意页”，凡阅读这本书的班主任都要在此处撰写阅读感言及教育创意。图书自“博雅”漂流到下级读书社“红烛”、“培原”、“启航”等后，班主任们在感言与创意的交流中，走向深度阅读。

3. 组织全区特色研讨，实现个体成长、全区辐射双赢

发挥微格教室的作用，使班会研讨正常化。不过，频繁的校际交流，有时会影响成员本身的工作、学校的正常秩序。那么，如何解决这一矛盾呢？工作室充分发挥各学校网络，尤其是微格教室的优势，经常组织班主任在各自学校的微格教室中授课，或将不同学校的班主任集中于一所学校的微格教室上课，并将授课视频上传到网上，再集中时间组织成员进行网络评课。为使班会课研讨活动保持新颖，工作室将学科教学中的“同课异构”移植到班会课教学中来，由多人同上一个主题的班会课；并且将常态课与微型课相结合，15 分钟、20 分钟的微型课，甚至一个问题的处理片段，是工作室经常开展的研讨方式之一，也使班会研讨正常化成为可能。

实施同伴真诚互助，开展班务理论讲座研讨。工作室主持人季春华经常深入成员的课堂听他们的班会课甚至短暂的晨会课，从他们的课堂教学以及撰写的论文中帮助他们提炼教育思想、教学风格。谁的教育思想已逐步成熟，教学风格已逐步形成，工作室就不定期组织举办其理论讲座。在其教育教学思想形成的过程中，成员互助起到了积极的推动作用。如周浩老师在陕西省旬邑县对口交流活动中所做的讲座，得到了当地教育行家的高度评价。工作室李小琴老师和严亚雄老师面向全区开设班主任专题讲座，在全区起到了很好的示范、辐射作用。他们的成功就源于工作室成员间的互助提升。

移植学习内容，分享学习收获，也是辐射全区的一项重要活动。工作室派遣成员外出学习考察，学成归来，一要完成学习考察报告，二要面向全区开展汇报工作。而在汇报的过程中，季春华强调，既要凸显学习的精髓，又要加入自己的理解和个性，实现个体学习与提高相结合，实现汇报活动不打折扣还平添几分亮色。赖军老师参加省优质课评比颁奖典礼归来，在移植了颁奖典礼上观摩的班会课精髓的同时，加入自己对“环保”的理

解，所上的“我与低碳生活”班会课，在全区产生了很大反响。

开展专题写作研讨，提升班主任的教科研水平。

①采用“问题”汇编的方式，关注教育热点。每两周一次的活动期间，开展小型德育沙龙活动，专门收集来自成员以及成员所在学校加强德育教育方面的问题，如“如何正确引导学生上网”等，并汇编成册。在此基础上，季春华引领成员在实践中共同研究。大家思维碰撞，智慧集聚，一篇篇有理性分析和实践案例的文章诞生了。

②采用“点子”发散的方式，使文章立体丰满。受“点子公司”启发，工作室每两周一次组织成员开展“撰写文章点子”交流活动。在确定好“点子”的基础上，大家发散思维，相互提供好的素材，提出写作的结构、思路，再确定由文风相似，或在这一领域研究相对较深入的成员撰写。这样，成员撰写的文章就立体丰满了，发表率也提高了。

③采用“互批”的方式，携手共同进步。活动中，成员将论文初稿上传至 QQ 群空间，大家或在论文打印稿上用红笔批注，或用批注软件进行批改，或在网上进行即时批改。网上即时批改的时间通过 QQ 群向全区班主任公布，使他们既可以观摩网上批改的全过程，也可以亲自参与到论文批改的过程中去。互批的形式是多种多样的，有时是季春华对每位成员的文章进行点评，有时是一人批改多人的文章，有时是多人批改一人的文章，有时是批改者与作者一对一交流。目前，这种方式已在全区其他工作室和各学校推广。

特色研讨活动取得了丰硕的成果。工作室第一梯队的 9 位成员，在全国各大报刊上发表了不少论文、教育叙事，数位成员出版了个人专著，数位成员参加了全国、省优质课评比并获奖。

4. 开展跨学科、跨年段、跨区域活动交流，实现资源共享

跨学科视野，于无声中渗透德育。音乐教师殷小琴在与工作室其他成员交流的过程中，寻找到如何设计自编操的灵感，将《三字经》、跆拳道、古诗文等融入体操中，让体操焕发出别样的精彩。殷老师在与全区各校进行交流的过程中，不仅使自己的音乐教学方法得到推广，还使学科融合、

在音乐教学中渗透德育的方法辐射到全区各校。

跨年段相互生成，寓德育于多彩活动中。任教高中化学的赖军老师，具有较高的化学素养。工作室安排他到开发区的初中和小学开展“我是小小科学家”活动，带领学生走进神秘的科学世界，让科学的种子在学生的心中生根。原本教过中学体育，现在教小学体育的仇小进老师，在不同年段分别组建社团活动，如在幼儿园组建“我游戏，我快乐”社团，在小学组建“与球类交朋友”社团，在中学组建“让武术精神放光彩”社团，在高中组建“我运动，我健康”社团。学生在发挥特长的过程中，思想道德素质也得以升华。

德育区域推进，我们在行动。我们深知，我们才刚刚起步。但是，我们不孤单，不害怕，我们以阳光心态投入每一天的工作中。因为有一个团队在后面有力地支撑着，因为有全区班主任温柔的目光注视着。

（江苏省南通市小海小学　周浩，江苏省南通市开发区实验小学　严亚雄）

三、名家魅力吸引

是什么让我们相聚在这里？是什么点亮了激情的火花？是什么让这种相聚快捷而牢固？是什么让这激情持久而不倦怠？一个能引吸众圆相聚的圆心，才能形成无限扩展的同心圆。

【案例】

张万祥老师和他的网上弟子

2004 年 3 月 28 日，“青春老人”张万祥老师开创了网上收徒的先河。这位痴迷于教育的退休老教师，决定在网上收徒时，深情地发表帖子说：“过去我以学生为生命，今后我要以扶助青年班主任为己任。我的生命将会在你们的事业中、在你们的辉煌中得到延伸……”

1. 千江有水千江月：独特的网上收徒

张老师网上收徒地点设在教育在线论坛，共分以下几步：

第一步：各地一线班主任提出申请。

第二步：考核。

①定时考试。由申请者确定考试时间，提供个人电子信箱，张老师将试卷发至申请者的信箱里，并规定交卷时间。

②申请者提交两篇自己原创的能够代表个人水平的文章。

③张老师提供论题，请申请者选定其中一个进行思辨、论证，在一周之内写好上交。

第三步：经过以上考核，选出弟子数名。

然而，张万祥老师并非只是帮助通过了考核的弟子，他还常常帮助那些考核落选者。“千江有水千江月”，月照江水，无所不映。在张老师眼里，任何一个教师，只要你是真心热爱班主任工作，并有迫切的成长愿望，他都乐意利用网络给予陌生的你悉心指导，大门始终敞开着。河南教师李迪，曾是张万祥老师第二次收徒的落选者。但是，李迪老师落选后越发努力，并坚持完成张老师为弟子布置的作业，结果得到了张老师的全力扶持。如今她已经出版多部著作，在全国都有一定的影响。

如今这个团队越来越壮大，成员遍布天津、河北、山东、内蒙古、浙江、江苏、四川、河南、广东、广西、福建、湖南、湖北等地，令人欣慰。

2. 万里无云万里天：有效的授业方式

张老师的授业方式包括以下几个方面。

①热门话题讨论。张老师公布热门话题；学员思考成文，跟帖作业；网友自愿参与，约定时间，由张老师进行点评、升华、彰显优秀，指出不足；优秀的文章，向有关刊物推荐。

②育人艺术引领。张老师进行教育理念和教育方法上的系统引领。

③阅读提升指导。开列书单；学员写阅读心得体会；优秀稿留底存档，推荐发表；系列完成，归纳提升，形成书稿。

④专业写作亲授。张老师对徒弟们的作业总是及时、密切给予书信指导，可谓倾情奉献、点石成金。大到写作目的、写作方向的指引和相关阅读的推荐，小到谋篇布局、文体选择、词句点评的指导，甚至附有投稿去向的建议，并详细标明杂志社投稿地址及邮编。

“万里无云万里天”，张老师胸襟博大，其细致入微的亲笔指导、独特的授课方式，让徒弟们获得了更快的成长；让网络上广大教师也受益匪浅，他们每每认真揣摩张老师为其他老师提出的建议、批文，自己的带班艺术、写作能力竟也有了快速提高。如今，这支师徒团队已经出版了近百本专著，发表文章近千篇。

3. 云舒霞卷千儔停：多彩的发展之路

我们和“教育痴人”全国知名班主任郑学志老师通电话时，他说起师父的“好”来不禁热泪沾襟。他是在人生最迷茫的时候拜张万祥老师为师的，那时候他正面临着兴趣爱好和职务变化的选择。和张老师的一席谈话，让他如醍醐灌顶。从此，他安心进行学术研究，把“班主任”当作人生最大的事业来做。

很多教师只知道自己的文章发表了，却不知道是谁给推荐的；很多教师接到一些著名大学或培训机构的讲课邀请，却不知道背后推手是谁；很多教师的事迹上了杂志封面，他们却不知道是怎么来的……其实，这幕后的英雄就是张万祥老师。退休之后，张万祥老师先后主编了《教师专业成长的途径》《班主任专业成长的途径》《全国知名青年班主任谈专业成长》等书，向全国推介了近200名优秀班主任的感人事迹。

“珠帘玉案翡翠屏，云舒霞卷千儔停。”张万祥老师的弟子们个性风貌、职业追求、带班风格迥异，李迪是全国知名的女生问题专家、郑学志是班级管理艺术专家、钟杰是全国德育预设先锋……张万祥老师是如何影响他们的呢？答案很简单：引导、帮助，为每个人搭建成长平台，决不指点、控制他们的专业发展方向。没有门派之见，才有百花齐放。

4. 云在青天水在瓶：温馨的家园氛围

总感觉，人世间所有美好的感情——爱情、友情、师生情、网络情，最终都会转化为亲情。张老师作为师徒团队的核心人物，在关注弟子们专业成长的同时，还关心着每一个人的身心健康。他为徒弟们写下一篇篇文章，如《靓丽容貌下有一颗亮丽的心——小记我的徒弟静水（蒋立群）》《一朵素淡优雅的小花，一朵浓郁芳香的小花——小记我的徒弟朱一花》等，对他们既批评又鼓励，明讲暗劝。这不仅仅是师者的关注，更有父亲般的殷切期盼。在严师慈父的目光里，学生们怎能不备受激励和鼓舞，怎能不坚定迈开专业化成长的步伐?

真正的智慧，就是这样真真切切、自自然然、生动活泼，恰如“云在青天水在瓶”，青天之上，白云飘动，随风舒卷；水在瓶中，清澄如镜，安宁不动。云动水静，一个那么高远，一个那么明澈……

这便是师徒团队的云水禅心，是班主任走向专业成长的必备修炼。

（班主任之友杂志社　王皓）

四、民间自发汇聚

当生活中的喜乐可以分享时，当工作中的苦恼可以分担时，当成长中我们互相欣赏时，当前进中我们合作时，我们便自然达成共识，自然生成约定。

【案例1】

团队行走让教育更美好

“用网络传递感动/用智慧点燃激情/用真诚抚慰心灵/用追求擦亮行程/用温暖凝结同心/我们，在网络上结伴而行……”

“班主任工作半月谈”成立三周年之际，我写下了这首诗。班主任之友教育论坛上最早成立的这个专业成长共同体，已经走过了它不平凡的三年。三年来因为网络结伴行走，团队教师10人次登上了《班主任之友》《教师博览》《班主任》等杂志封面，27名教师成为全国、省、市优秀班主任，近200名教师在公开刊物上发表了470多篇作品，团队教师出版专著10部。这一切都显示出：团队行走让教育生活更美好！

1. 引领一种深度学习的生存方式

网络上活跃着很多精英人才，如朱永新、李镇西、张万祥等名家常在网络上发出声音，很多有才华的一线教师也在论坛上发布自己的精彩做法。如何从海量信息的泛读走向精品意识的深度学习和思考，并给自己提供一条充实的成长之路呢？2008年6月，我们成立“班主任工作半月谈”之后，团队出台了三条深度学习措施，在论坛上引领了一种新的学习生存方式。

（1）精选佳帖，引领深度思考

我们在团队内部建立了“班主任工作半月谈专用学习帖”，链接了“班规粗细讨论”、“提高成绩的办法”等17个主题帖；在“杏坛人生”建立了“精华帖总集”，链接了郑学志、钟杰、覃丽兰等13位老师的精华帖；在“班级自主化实验”里根据年段建立了4个“实验专帖集锦”，链接实验中涌现的精华帖子。海选精华帖并设置链接，可以节约老师们查找的时间，尽快分享信息。

如何在“精华”中推出“精品”进行深度阅读呢？2011年上半年，我们推出“今日发现——郑学志读帖并推荐阅读”专题，把精彩佳帖汇总到一个主题帖里加以点评推出，并在文章最后设置原文链接，以助大家延伸阅读。

此外，我们还在整个论坛上寻找精华帖子，在团队内部推介。我们先后推介了张万祥、杜林、“维C”郑英等老师的帖子，尤其是张万祥老师的“送给青年班主任朋友的礼物——德育素材”，更是我们团队的日常必读帖。

（2）对话作者，提升阅读质量

每月共读。先在规定时间内自学，做笔记；再团队交流碰撞；最后邀请作者面对面讨论，答疑解惑。这样的三部曲，可以开阔视野，提升专业认识水平，促进一线教师和专家的交流，有助于知识内化。有人质疑万玮的兵法是一种“对付”，不是教育，和万玮老师面对面，听了他《成功班主任的五个平衡》的讲座及对老师们所提问题的一一解答，老师们理解了兵法背后的教育之爱，理解了他重手法背后震撼教育的精髓，同时对自己的教育行为和思想进行了深入的反思。这样的阅读无疑有助于加快专业成长的步伐。

（3）批注教育经典，领悟职业奥秘

2011年，我们借鉴和学习了新教育实验网络师范学院的阅读教学模式，采用批注式阅读方式组织大家共读教育经典。比如《自主课堂——积极的课堂环境的作用》，要求精读该书，每人都在书本上做好批注。团队再集中时间进行交流、讨论。这种阅读方式有点儿难。因为集中交流的时候，大家要对你的批注进行质疑，你的批注站不住脚就得重来。很多老师坦言“很残酷”，但更多老师说，他们痛并快乐着，因为这种读法能够提升专业能力。

2. 打造一个班主任专业成长共同体

网友艾岚曾经笑言：“论坛上自从来了一个郑学志，这个平静的江湖就不再平静了。”有时候闲下来想想团队在论坛上做的事情，还真感到欣慰。

（1）创新网络研讨模式

2008年6月，“班主任工作半月谈”成立之后，我们探索、创造了QQ群聊天儿和论坛发帖相结合的研究交流模式，并将之固定下来。每周固定时间的QQ群即时交流，围绕一个问题，采用“观点+内文详细叙述+文后署名、单位和联系方式”的方式发言，这样，核心思想是什么、主要内容是什么、谁说的……阅读起来一目了然。记录者只需稍做提炼，就能够整理出一篇观点鲜明、层次清晰、论证严谨的好论文出来。

即时研讨之后，团队成员再针对研讨的主题撰写教育叙事。我们对团队成员提出明确要求：QQ 群的交流仅仅是火花的点燃，是思维的启迪，研讨过后每个人必须联系具体工作实际，写出详细的案例来。我们参与到《班主任之友》组织的“班规研讨”、“新班主任接班”、“理想教育”等专题中，并展示了我们的研讨结果。

自 2008 年 6 月以来，我们先后研讨了近 70 个专题，内容覆盖班级管理、学生思想工作、干部队伍建设、同事关系处理、家校矛盾调处、特殊学生教育等 19 个方面。2011 年 1 月，我们两年多的研讨记录《挑战班主任 19 项全能》出版。

（2）用课题实验打造成长共同体

学生问题层出不穷，如果我们只把精力集中在小问题的研究上，肯定看不到班主任的专业成长方向。我们既要埋头拉车，又要抬头看路。从 2009 年 11 月开始，我们开展了“班级自主教育管理”课题实验，用共同实验打造全新的班主任专业成长共同体。

我们在“以人为本、提升技能、解放教师、发展学生”这一核心理念的指导下，按照不同年段，组建了小学、初中、普高和职校四大网络专业成长共同体，用共同阅读、共同研究、共同实践、共同写作的方式开展实验活动。

我们建立了“课题指导与管理核心层”（由“班主任工作半月谈”的 13 名骨干教师组成，承担课题的研发）、各年段“骨干力量核心群”和“年级具体实验交流群”三个层级的实验模式，层层落实，开展工作。“课题指导与管理核心层”有“四组七部”，即小学、初中、普高和职校四个实验组的组长和“行政部”（负责日常工作协调）、“学术部”（负责课题研发）、“学习部”（负责理论学习）、“活动部”（负责实验开展）、“新闻部”（负责信息沟通）、“基地部”（负责基地学校）、“档案部”（负责成员信息）。“四组七部”在每个实验群里都对应有自己的下属单位，纵横结合，完成课题实验的行政管理、学术研究、新闻宣传和实验考核评估工作。

时间上统筹安排，确保骨干力量能参与每个实验群的学习、实验和讨论，并于每月第三周周一晚上为整个实验群做大型公益讲座。从2009年以来，已经先后做了“构建班级自主教育管理的七个机制”等20多场大型公益讲座，为老师们提供了有力的理论和技术支持。

2010年之后，我们在构建四级自主实验模式——小学群重在自主习惯养成、初中群重在自主责任唤醒、普高群重在人格自尊塑造、职校群重在自主发展寻求突破的基础上，提炼出“打造优质高效的自主课堂、营造润泽心灵的书香教室、寻找学生成长的生命支点”自主化实验的三大品牌活动，进一步深入推行自主化实验。

2010年8月16日，我们在班主任之友杂志社和河南省济源市教体局、济源一中的支持下，成功地举办了“首届全国班级自主教育管理论坛”，来自全国18个省、市的1500多名教师出席了我们的会议。会上我们为六省七校授予实验学校的牌子。目前我们共有九个实验基地，各基地学校分别成立一个单独的实验团队，我们安排核心成员进行实验技术指导，并组织平时的班主任工作研讨，共同解决该校班主任实验和工作中存在的问题。

从2009年11月至2010年5月，共有1100多名班主任参与了我们的课题实验，撰写实验专题帖子达521个，总发帖量突破20800个，实验覆盖了全国360多所学校，在全国引起了广泛反响。

（湖南省邵东县两市镇第一中学　郑学志，江苏省靖江市三元桥小学　鞠锋）

【案例2】

用“心语”对话幸福

是什么原因导致大家对工作逐渐失去了激情？班主任教师专业成长的突破口在哪里？如何才能让大家在平凡的工作岗位上感受到尊严与幸福？……“心语”团队通过推心置腹的研讨交流和丰富多彩的学习研究活动，激发了团队每一个教师的工作激情和主动性，增强了团队每一个教师的专业能力和教育智慧，提高了团队每一个教师的职业认同感和职业幸福度，不仅使团队中数百名班主任得到快速提升，同时还广泛地影响着全国各地一大批教师，成为当下教育中一道别样亮丽的风景。

1. “同读共谈”为班主任专业成长奠基

我们要用头脑思考、用心品味，要从专业的角度读书，要从书中读出自己；有时还要从书中“跳出来”，思考哪些是可以改进的。

在经过专家推荐，征求集体意见后，我们精挑细选确立“书目”，以“主题交流”、“百鸟争鸣”、“专家面对面”的方式，每周定时齐聚在郑立平老师的视频工作室读书汇报，对话交流，开展了系列读书活动：“心语沙龙大讲堂之假期读书汇报”展示活动、“每月同读共谈一本书”大型民间读书活动、“最影响我教育人生的书”读书活动。每一讲都是对一位教育名家智慧的分享，每一讲又都是对参与者成长的一次巨大推动和提升。

在同读中，大家为了能在交流展示时谈出自己的观点，所以读得非常细致、非常深入；在共谈中，大家各抒己见，争辩商榷，各有收获。慢慢地，每一个“心语”人都爱上了读书，读书也成为“心语”的标志。

2. “视频讲座”给班主任专业成长助力

视频讲座，是引领也是展示。几年来，几乎每个周四晚八点，“心语”人就端坐在电脑旁等待着每周一次的“老班话幸福”视频专题讲座的开始。主讲人是“心语”团队中优秀的班主任。每个主讲者都会精心准备，认真总结，无私地和大家交流自己班级管理或个人成长的经验，分享自己工作和生活中的快乐和幸福。视频讲座，不仅大大促进了主讲教师的成长，而且让团队的所有教师都有机会与一线优秀班主任近距离接触，特别是活动最后的互动环节，参与的教师可以现场提问，报告人现场解惑答疑，经常是高潮迭起，让人不愿离去。

一年下来，数十场视频讲座顺利完成。“心语”的老师们交替领跑、相互影响，实现着多赢共好。被主讲者的热情所感染，许多优秀教师纷纷要求开讲，参与者越来越多，报告内容越来越精彩，“心语”在无意中创造了一个大型民间班主任讲坛的奇迹，使得许多年轻班主任在这种挑战中脱颖而出，从平凡走向优秀。

3. “专题研讨”让班主任专业成长的过程日益坚实

读书使人进步，交流让人清醒，碰撞促人深刻。“心语”除了定期读书和交流外，还专门组织老师们进行“话题专项研讨”。

在学期初，结合教育热点、难点问题，精心设计系列研讨话题；配合教育报刊开展“专项讨论”，在团队内部进行研讨交流。

在每周二的晚上，大家就共同关注的“教育热点”话题进行交流、碰撞、学习。为了确保交流活动的有序进行和发言的质量，团队要求想参与交流的教师提前思考，做好准备，并尽可能提交书面文稿。

“专题研讨”活动由团队成员轮流主持。主持人研讨前做好相关宣传工作，研讨时协调大家发言，研讨后对发言进行整理，然后向报刊投稿。

许多教师就是在这样的碰撞交流中，发表了自己的第一篇文章。长期的研讨活动，使他们形成了良好的思维习惯和完善的思维视角，专业素质不断提高，专业智慧不断增强。

4. 《心语月刊》使班主任的专业成长之路洋溢着幸福

仅在2010年，团队就举办了“老班的幸福”专题视频讲座30次、“个人读书交流”活动15次、“同读共谈一本书”活动8次、教育问题“专题研讨”活动26次。为了给大家提供一个更快的成长、展示空间，从2011年起，“心语”团队创办了自己的电子“刊物”——《心语月刊》。作为“心语”教师展示自我的一个重要平台，它激起了成员们更大的工作和学习热情。《心语月刊》现在已经聚集了30多名优秀班主任义务“编辑”，他们在奉献的同时成长着。

一个人行走，因为孤单，往往走不远。而“心语”对团队成长的探索与尝试，无疑为其成员带来了前行的动力。“心语”立志打造“一个平等自由的开放空间、一个温馨交流的心灵家园、一片争鸣碰撞的学术净土、一个激情涌动的优秀教师和卓越教师的幸福摇篮”。

（北京师范大学青岛附属学校　郑立平，安徽省阜阳市第十中学　贺华义）

【案例3】

用行动填补空白

“现在很多一线的教师，在教育的现场总是表现得缺乏临场智慧，手忙脚乱或者手足无措。希望有人能为他们多准备几种预案，但是至今还没有人来做这方面的研究。”（王晓春语）

“教育预案”研究几乎是一片空白。为了用行动填补空白，用行动促进成长，团队决定以班主任之友教育论坛为基地开展“教育预案研究”的研讨。

行动要有切实可行的操作程序，这样才能让行动不流于形式。因此，团队制定了以下步骤。①成员在每周一至周三这段时间里提出一个案例，申请做“教育预案研究”的主持人。②主持人在群共享里发布案例，供成员提前仔细阅读并准备讨论稿。③每周五晚八点准时研讨。④主持人根据团队成员跟帖意见，整理“教育预案”，知识产权归主持人所有，他可以自由投寄报刊发表。在某位队员主持研讨的时候，其他队员必须贡献自己的智慧，体现团队“互帮互助”和“多赢”的合作精神。⑤主持人对研讨情况进行整理，并将整理好的研讨成果上传到论坛上。

行动要有目标激励，这样才有坚持的动力。因此，团队制定了团队目标与“个人成长协助”。

团队目标：“611”工程，即出六本书——按照“根据目标找方法”、“第二序改变”、“得寸进尺训练法”、“苏霍姆林斯基教育学循环”、“SFBT疗法”、“体验式养成教育”这六种解决问题的思路出一套丛书，申报一个省级课题，成长为一支优秀的教师团队。

“个人成长协助”：①协助案例提供者分析、探讨案例处理方式。②集合团队力量形成教育预案，为班主任的教育实践提供方法指导。③成为在教育研究领域里有一定影响力的班主任。

行动要有正确的思想方法指导，这样才能不盲目，不低效。团队经过反复筛选、甄别、提炼，确定“根据目标找方法”和“第二序改变”为团队研究的理论基础。

根据目标找方法：班主任处理突发事件时，有的没有目标，兵来将挡，水来土掩；有的是为了维护师道尊严；有的是为了杀鸡儆猴；有的是为了帮助学生成长。显然由于目标有区别，人们的行动思路就有所不同，效果也不一样。所以，根据目标找方法，有助于我们在行动之前理清思路，找到正确的方法。

第二序改变：在教育实践中，遇到问题时我们的第一反应往往是批评、阻止、警告、惩罚，这样学生形成的是“第一序改变”，它只发生在某个系统之内。如果系统本身维持不变，它只能改变系统内的“困难”。也就是说，只能解决教育中的一部分问题。如果问题的原因在系统之外，它就无能为力了。这时，我们就需要寻找改变的新系统——“第二序改变”，以有效地解决问题。如我们常采用的“补短”是“第一序改变”，跳出“短”这个系统，进入另一个系统——“扬长”的“第二序改变”，可能会让学生的成长更主动。

在这两种基本思想的指导下，我们享受着思维改变为教育实践带来的轻松，并继续探索更多预案，以期给更多一线班主任以借鉴。

行动要在合适的表达中提炼为思想。教育预案研究是一条还没有人走过的路，“教育预案草根研究”团队的成员们，经过不断探索、总结和提炼，摸着石头过河，初步总结出了“教育预案”的写作模式。它包括标题、教育现场、预案目标、预案假设、处置原则、涉及主体、处置方案七个内容，且一个案例至少要列出三个行动预案。

这一模式，不仅是形式的问题，更为老师们提供了整理想法的思路，丰富和完善了老师们的思维。

行动让我们在相互砥砺中成就别人也成就自己。刘令军善于“根据目标找方法”；方庆善于用“第二序”去改变教育现实；李鑫擅长“SFBT 疗法”，善于用心理咨询的方法去探索……团队显示出惊人的集体智慧。比如，一天晚上，团队讨论了“学生出走，家长扬言要曝光、上告”这个案例，先后有九个人撰写了详细预案。教育预案的写作过程，是讨论与分享的过程，是碰撞与吸纳的过程，还是一个共写共成长的过程。

“坦诚相见，肝胆相照，互帮互助，共同成长”，是“教育预案草根研究”团队的相处原则。这些来自一线、对教育充满理想和激情的草根，在繁忙的教学之余，仍然孜孜不倦，以“靠近你，温暖我”的学习方式，共同成长。

“教育预案草根研究”团队引起了全国各大教育论坛和一些媒体的关注，受邀访谈及演讲几十场。团队核心成员已经出版个人专著三本，已经签约即将出版个人专著两本。团队成员在教育核心期刊上发表文章两百多篇。

团队成员们在开垦荒野，同时也在绽放自己。

（湖南省宁乡县煤炭坝镇煤城中学　刘令军）

【案例 4】

班主任心理教育专业素质发展新路

2005 年，面向全国各地的中小学班主任老师和心理老师开放的“全国心理老师俱乐部”QQ 交流群创建了，并逐渐形成了特有的“真名实姓、互帮互助、无私分享、幸福进取”群章程。

在群里，大家都积极无私地分享自己的工作经验和教育教学资源，交流十分愉快。“滚雪球效应”使俱乐部发展、壮大起来，在短短一年的时间里，俱乐部迅速满员。目前俱乐部Ⅲ已经创立，三大超级群会员已达 1200 余人。

1. 特殊的人员结构

把班主任和心理老师组合在一起，是这一团队独有的优势。毫无疑问，这可以使班主任在与心理老师的沟通中得到及时的帮助，解决班里个别学生的心理问题和群体的心理问题，提升自己的心理健康教育能力，同时为自身成长过程中所遇到的职业困惑与倦怠寻找一条独特的解决途径。

2. 独特的成长途径

（1）问题求助

很多班主任都是带着十分棘手的问题加入群的，从日常违纪处理到学生危机干预等都有。QQ 群的即时聊天儿功能发挥了巨大的作用，在三个俱乐部分群里，从周一到周五，从早上一直到深夜，日常在线的群友一般都在 60 人以上，群里任何人遇到问题，都会得到几十个同行的及时帮助，他们帮忙出主意，谈个人经验，等等。

（2）集体备课

俱乐部创建了高中心理集体备课群、初中心理集体备课群、小学心理集体备课群，开展相应的备课和专题研讨。每个群既有相关学段的专职心理老师，又有班主任，每周都有一次固定时间进行一个小时的集体备课，每次讨论一个主题，讨论完毕有老师专门负责整理出教案和课件。不少老师在集体备课中的成果，在各类心理课、主题班会展评中取得了不错的成绩。

（3）即时共享

很多班主任在对学生开展心理健康教育和辅导的过程中发现，相关素材、资源、教案是最难收集的。为此，俱乐部大力提倡互帮互助和无私分享精神，只要某位群员在群内求助某个主题的心理健康教育辅导资源，有相关资源的老师会及时无私地将资源以群邮件和群共享的形式上传，供有需要的老师下载使用。

（4）沙龙交流

团队开展了心理健康教育沙龙活动，比如 2008 年在安徽马鞍山、2009

年在广西南宁、2010年在贵州遵义、2011年在陕西西安。大家在活动中畅谈心理教育思想、讲述经验教训、进行案例分析等。

3. 显著的专业成果

（1）出版第一本主题班会教辅读物

在目前心理健康主题班会教参资料缺乏的情况下，我们联合群里的18名骨干心理教师和经验丰富的班主任编著了《心理制胜——高中生心理必修课》（2010年1月出版）一书。该书共设计了30节全面提升学生心理健康水平的心理主题班会课，得到了心理健康教育研究专家、班主任及心理教师们的极力推荐。

（2）编辑第一本心理教育内部期刊

2010年年底，《心理健康教育》（月刊）内部交流电子期刊正式问世，刊登俱乐部成员的原创文章，17位从未谋面的兼职编辑老师利用工作之余审稿、校稿，至今已发行五期，累计读者万人以上，发表文章近百篇。俱乐部还与广州瑞都网络科技有限公司达成协议，在该公司旗下的瑞读网发布杂志的电子版，供全国心理教师、班主任免费在线阅读和下载。

（3）多位老师取得丰硕的教育成果

《心理健康教育》（月刊）每期制作完成后，都向《班主任之友》《中小学心理健康教育》等知名刊物发送文档供选用。到目前为止，约有30余篇文章通过审核，部分文章已经正式发表。

不少班主任自从加入俱乐部后，渐渐从原来提到心理教育就头疼到爱上心理教育工作，甚至积极参加各地的心理教师资格考试和心理咨询师资格考试，有的班主任还逐渐转型为学校兼职心理老师。回望来路，我们的努力真正促进了心理教师和班主任教师队伍的专业化发展。我们将努力让更多教师做强自己的专业，爱上自己的事业，发展自己的事业。

（贵州省贵阳市第一中学　袁章奎）

五、网络师范学院

明晰的课程体系、完整的教务系统、虚拟的网络课堂、统一的授课时间、真实的讨论学习、郑重的毕业证书，在虚拟的世界里有真实的课堂教学，有义务奉献的讲师，有孜孜前行的学子，教者亦是学者，学者亦可为师，他们因着共同的理念而汇聚，打造一个知性的学习共同体。

【案例】

朝向卓越的舞蹈

2009 年 9 月 1 日新教育实验网络师范学院正式运行。这一年，不断有人问我："网师是个什么东西？你能用最简洁的语言描述一下吗？"

这是很困难的。如果一定要描述，我愿意借孔子的三句话阐发一下，对网师的某些特点进行简要的描述。

1. 学而时习之，不亦说乎？

"学"就是汇聚，就是往生命中汇聚美好、精致、深邃的东西。而能够担当起美好、精致、深邃这些品格的，往往是经过岁月淘洗过的经典。

作为教师，我们应该往自己的生命里汇聚哪些经典？这是网师设计课程时首先要考虑的。网师教材以及核心参考书目，依据以下原则选择和确立。

它们是不是我们这一文化处境中最为根本的原典书籍？

它们是不是我们这一职业处境中最为根本的经典书籍？

它们是不是最切合当下教育处境（即针对当下教育中存在的问题）的最为根本的重要书籍？

它们是不是与新教育实验的使命、愿景、价值观保持高度一致？

如果满足了上述条件，我们就会依据重要程度以及难易程度，将之吸纳到我们的课程结构中来。

如果说“学”是汇聚，“习”就是呼吸，就是通过吸入经典，将经典化入自己的血肉，使经典成为自己的语言。这里的“习”，有三层含义。

一是反复地切磋、琢磨，对经典进行研习，新教育称之为知性阅读，网师学员习惯称之为“啃读”，即像蚕吃桑叶那样一点儿一点儿地将经典啃下来。

二是学以致用，使知识成为解决教育教学问题的工具或利器。

三是通过不断学习与实践，使生命保持一种空灵开放的状态。

只做到“习”的第一层含义，你可能是一个学问家，一不小心就有可能成为书呆子；做到了“习”的第二层含义，你可能是一个优秀者，也可能将某种理论当成绝对真理，以此裁定丰富的现象；而只有理解了“习”的第三种含义，并让三种学习方式彼此交织，相互激发，才能够始终让自己保持一种开放的状态，最终从优秀走向卓越。

“学而时习之”，就是与经典共呼吸，与知识、真理相共鸣。这种学习，像呼吸一样自然，“不亦说乎”？

2. 有朋自远方来，不亦乐乎？

“独学而无友，则孤陋而寡闻。”

有朋友从远方穿越信息高速公路而来，大家汇聚在一间间虚拟的教室里，这确实是令人高兴的事。

我们汇聚在网师里，是因为有共同的愿景：寻找到教育的真谛；让孩子因遇到自己而终生受益；为教育教学之事（我们已经选择了它，并准备为它付出生命中绝大部分的时间与精力），以及必将消逝的“我”的生命，找到恒久的意义。

所以网师之乐，来自彼此切磋、追求真理所获得的快乐。我们时刻警惕，不让自己陷落于庸俗的人际关系之中，而是“当仁，不让于师”，相互尊重，但不相互抚慰；激烈争辩，但不彼此攻击。

这种“乐”，也是一种共鸣。道不同不相为谋。共鸣意味着我们是同道者，我们不怕被指责为精英主义者而轻率地向平庸者靠近；我们也不向那些标榜正义的虚无主义者与犬儒主义者妥协。在共同体中，一个人不是因为他的职位高或名气大而受到尊重，而是因为他的知识水平、学习态度以及对团队的贡献而受到尊重。在共同体中，大家在共同的愿景之下相互编织，让有限的生命因为彼此的启发、激励而获得更为深刻的意义。

3. 人不知而不愠，不亦君子乎？

有人批评网师是精英主义；有人认为网师无法推广；有人说网师的课程太难了，不切合教师的实际；有人甚至认为，成立网师本身就是浮躁的表现，凭研究中心三五个人，如何支撑得起一个学院？

我们不要因为别人不了解自己而心生愤怒或急于辩解。“不患人之不己知，患不知人也。”我们遵从以下两条原则。

一是“己所不欲，勿施于人”。我们既不要因为别人的批评而轻易改变自己，也不要轻易否定别人的道路，而应该尊重不同的探索。尤其是要尽力去了解和理解不同的观点、道路，从中汲取营养来滋养自身。

二是“知全守份，承担天命”。我们虽然在共同体之中，但不应失去个体之尊严，不应忘记个体之使命，或者说天命。来网师学习的人，都肩负着自己的一份职责。只有己立，方能立人；只有己达，方能达人。而对教师而言，只有努力将学生带往卓越，使“老者安之，朋友信之，少者怀之”，我们的生命才能真正地获得意义。

这三句话，分别代表了新教育实验网络师范学院对人与世界、人与他人、人与自我之间关系的理解。干国祥老师曾经说过一段话，激励过许多学员。我愿意再读一遍，与所有网师学员、所有新教育人，以及所有关注、关心新教育实验的师长朋友们共勉——

人有权利选择庸常的幸福，人没有绝对责任必须像数学家和哲学家那样思想，像苦行僧那样修行，像宗教徒那样虔诚……但是，如果你内心确实选择了这条道路，那么你就要服从你的灵魂，并让你的灵魂服从头顶的星空、心中的戒律，以及这卓越的标准。

（北京市丰台新教育研究中心　魏智渊）

六、高校携手实验

如果对话没有坡度，没有落差，没有碰撞，共同体的效益何以提升？如果没有专业的支撑，共同的愿景何以达成？如果没有更多的行动力，何以突破个体的局限？如果没有文化的感染，如何获得更大的动力？如何让高校的基础研究不只是象牙塔里不切实际的理想国？如何让我们的发展突破现实局限的瓶颈？

【案例】

为班主任专业发展提供生态性滋养

“新基础教育”是由华东师范大学叶澜教授于20世纪90年代初发起并主持的一项大型基础教育改革研究课题，主要研究当代中国社会转型时期基础教育改革的理念系统与学校整体转型的实践路径问题。班级建设自始至终都是这一研究重要的领域。而这一研究团队深信：“关键情境、自我意识与主观追求以及外界教师教育的支持是教师专业发展的动力来源。”“新基础教育”学生工作研究共同体就是这样一个关键情境，它以生态性的方式，实现着对班主任专业发展的滋养。

1.“新基础教育”学生工作研究共同体的基本形态

参与“新基础教育”学生工作研究的成员包括华东师范大学“新基础教育”学生工作研究小组成员，各实验学校分管领导、学生工作负责人、年级组长、团队辅导教师、班主任和在沟通与整合中引进的学科教师等。包括初中和小学两个学段，地域涉及上海市闵行区和普陀区、江苏省常州市和淮安市等。我们称之为“新基础教育”学生工作研究共同体（以下简称“共同体”）。

“共同体”在“新基础教育”理念的引领下，研究学校环境中的学生成长需要与教育促进学生发展的机制，形成促进学生发展的学校实践形态，在其内部，还有多重、多层呈网络结构状态的小团队。

以江苏省常州市为例，有常州市市级层面的指导小组领导的共同体，以袁文娟、郭玉琴、许嫣娜三位老师为负责人，全面统筹、指导常州市的班级建设、学生工作研讨与研究。其中，常州市教育团工委又成立了“郭玉琴名辅导员工作室”，开始实现常州少先队辅导员培养模式的新突破，进而又形成常州市少先队辅导员系统与我们已有研究之间的良性互动。有区县层面的共同体，如常州市钟楼区、新北区，在区域内部组织相关协作性研究，通过正式和非正式的诸多方式而运作。有校际共同体，通过自主邀请、主动交流、合作科研等，形成校际互动。更有学校层面和年级组内的学生工作研究团队，这存在于常州市每一所“新基础教育”实验学校之中。

在常州市的学生工作研讨中，江苏省淮安市、上海市闵行区的教师也会大量介入，形成跨省、市的合作研究状态。常州市的实验教师又参与到华东师范大学教师的专题研究与研究生教学、培养中。如 2011 年 3 月和 4 月，常州市第二实验小学的白露老师、常州市蓝天实验学校的袁文娟老师，应邀赴华东师范大学基础教育改革与发展研究所为湖北省“卓越教师”国培班授课，白露老师也成为华东师范大学研究生硕士学位论文的核心研究对象。常州市的实验教师也参与到上海市闵行区等地的现场研讨中，还曾作为评估组专家，参与到 2011 年 5 月江苏省淮安市淮阴师范学院第一附属小学的中期评估之中。

可以说，这一共同体的存在空间很大，既存在于中小学班主任的班级建设实践中、大学教师的课堂上、共同的学术合作中，也存在于虚拟的信息世界里。

相比于国内其他研究团队，“新基础教育”学生工作研究共同体的独特之处在于理论研究者与实践改革者的双向互动与相互滋养；在于大学与中小学的紧密合作；在于长达20年，并依然在继续着的长程合作；在于理想与现实对话中的创生与发展。这样的研究团队，无论规模大小、人员多少，在建设过程中都会呈现出相同的形态。

（1）有“内核”

“内核”由所在团队负责人、年级组长和骨干班主任组成。对外，他们是团队的代言人，牵头参与“共同体”的学习、研讨和交流活动，并将学习收获带回团队，与同伴分享；对内，他们要负责所在团队学生工作的策划、组织、实施，以及变革实践的可行性探索、榜样性示范和综合性提升。“内核”是一个团队的“智囊团”、“示范团”，从某种意义上讲，展现并直接影响着团队建设水平的高低。华东师范大学的研究人员和实践改革中的骨干班主任，又是这一内核的重要构成部分。他们合作而形成的研究视野、理论积淀、实践力度与发展状态，成为富有生命力的改革力量，引领、推动着共同体的发展。

（2）有“梯队”

同一团队，由于教师进入“新基础教育”的时间有先后，认识与实践有机融合的水平不等，加上自身个性、投入程度以及参与机会等因素，发展状态会呈现较大差异。所以，依据自行拟定的梯队标准，确定学生工作研究发展梯队（一般以第一梯队、第二梯队、第三梯队命名），通过各种途径的回溯研究，全面分析各梯队的问题和不足，制定分阶段发展目标和实施策略是团队建设之初的基础性工作，能有效促进和帮助每一个教师不断实现在原有基础上的提高。这样的“梯队”不是固定不变的，而是动态调整的。

（3）有“背景”

“新基础教育”学生工作研究团队的建设，既相对独立，又处在一定的关系中，是有“背景”的。这样一种背景可以从两个方面理解：一是把“新基础教育”学生工作研究纳入学校转型性变革的整体视野中，学生工作负责人、年级组长、团队辅导教师、班主任等只是其核心角色“教育工作者”的重要构成部分；二是各个层面的学生工作研究团队，其运作方式与地球的“自转”和“公转”相似，各个团队不仅在内部开展日常研究以“自转”，而且还会围绕共同体及其他团队的研讨活动进行“公转”，形成多层次、多向度的过程互动。

（4）有“灵魂”

“新基础教育”实验学校的类型是丰富的，但作为共同体，其灵魂是相通的。就班主任专业发展而言，“新基础教育”坚定而明确地认为，学校日常生活蕴涵着丰富的教育价值，需要重新认识学生工作的教育性。班主任、团队辅导教师、学生工作负责人所从事的工作，是“教育”工作，是“直面人的生命、通过人的生命、为了人的生命质量的提高而进行的社会活动，是以人为本的社会中最体现生命关怀的一种事业”，而绝不仅仅是“管理”工作、“服务”工作。就班主任专业品性提升而言，“新基础教育”明确提出：“一是提升班级建设改革的价值意识，凸显班级建设对学生发展、教师发展的价值；二是提升班级建设改革的主动意识，实现教师主动发展与学生主动发展的相互玉成；三是提升班级建设改革的研究意识，在研究学生、研究自己、研究工作的前提下开展改革；四是提升班级建设改革的发展意识，成班级建设之事，成师生发展之人。”共同的价值追求和持续研究 20 年形成的共通的研究结构，使共同体能够实现“共同理念下的百花齐放”。

2. “新基础教育”学生工作研究共同体的运作方式

“新基础教育”学生工作研究共同体通过“研究性变革实践”，促成班主任专业成长。

（1）现场研讨

每一学期，“共同体”都会组织若干次群体性的现场研讨，内容包括活动观摩、现场研讨、经验交流、问题聚焦、拓展重建等。仅以 2011 年 3—5 月为例，华东师范大学叶澜、李晓文、张永、李家成等就直接参与了常州市六所学校的精品活动现场研讨及四所第一批区域推广性实验学校与两所第二批区域推广性实验学校的现场研讨。同时，上海、淮安等地的实验教师和湖南株洲、江苏吴江等地的“准团队成员”也已经介入这些研究现场之中。为了促进各团队“内核”的形成与巩固，团队对参加现场研讨的老师有明确的要求：一是各校学生工作负责人必须参加，目的是促成学校内部研究共同体的健康发育；二是每校必须确定一年内能全程参与现场研讨的骨干教师2—3人，并填报登记、备案，作为重点关注、培养的对象；三是其他教师，尽可能满足其参与市级层面现场学习的需求，轮流安排。

现场研讨基于具体的活动展开，一般来说，由承办学校提供1—2个班队活动，之后由学校学生工作负责人介绍相关活动策划的基础和背景，执教者说课反思，同校老师、联系学校代表、基地学校代表、指导小组成员和华东师范大学老师分别评课。规定发言时间、提前预约和自由发言等相结合的研讨方式，让成员都有大量自主而有质量的参与机会获得自己的发展和群体的认可。而“新基础教育”的现场研究，是绝不回避问题的，是有一定理论穿透力的，是极其强调动态生成的，更是强调理论与实践重建的。因此，很多第一次参与研讨活动的“优秀班主任”，很可能会遭受“当头一棒”式的震撼，从而开始真正富有理论内涵与实践质量的专业发展之旅。

从2008年下半年起，和语文、数学、外语、术科等学科领域同步，“新基础教育”的学生工作研究课题组开始策划并组织实施“精品活动”现场研讨，希望以“精品活动”的形式，呈现“新基础教育”学生工作改革的基本思路和结构的实践状态，并同时发挥不同层面团队、不同发展梯队教师的互动效用。截至2011年5月，先后在上海、常州举办了四次集中的“精品活动”开放活动，上海市四所学校、常州市六所学校先后参与其中。

集中的现场研讨，就是理论与实践高度综合、问题剖析与重建综合统一、资源大量生成并得以辐射的重要学习时间。正是基于实践的、理论与实践高质量对话的，具体综合在“这个”班级、“这位”班主任的发展上的研究本身，直接促成了班主任专业发展。

（2）专题研讨

这是就“新基础教育”学生工作变革实践的某项具体的研究工作而开展的专项研究。2009年2月23日，常州市就如何制订学期工作计划展开专题研讨。李家成博士、陆燕琴老师逐一点评，专家与老师现场互动。研讨结束后，各校对已制订的学期计划加以修改完善，并在校内就如何制订年级组学期工作计划、班级建设计划进行了二级培训，放大了市级层面研讨活动的资源与效应。

2009 年下半年常州市级层面先后组织了“迎国庆”学校系列活动设计与组织、学校主题教育活动设计与组织、学生工作与学科教学（品德学科）整合、岗位建设等专题研讨活动。在专题研讨过程中，有着大量前期策划与交流，有着过程中的多维互动，有着活动后的延续与渗透，有着承担研究任务的学校对其他学校的辐射，便于老师们在对比中发现新的价值追求，带着新的思考走入具体实践。

（3）专题研修

专题研修相对于现场研讨和专题研讨来说，主题和信息量更大，对于解读核心理念，改变老师头脑中认识自己教育行为的参照系，有效利用已有经验，解决理念认识和实践行为上的偏差，更有意义。

2009 年暑假，为了更好地学习利用《“新基础教育”学生发展与教育指导纲要》所提供的文本资源以及基地学校所提供的经验资源，我们举办了常州市“新基础教育”暑期研修活动。2009 年 11 月，“新基础教育”研究中心学生发展与学生工作研究室组织了为期一周的“兼职研究员研修班”，上海、常州等地近五十名班主任参加。通过深入研讨、理论学习、相互交流，研究了各校、各班主任工作变革的有效经验，进一步形成了学生工作的整体结构意识，为引领本校学生工作发展形成必要的条件。这样的综合研修，也会进一步形成新的发展目标。其间，李家成博士针对本研究群体内部班主任的发展状态，提出以“境界”为关键词的认识，认为本实验班主任群体内部，存在着三类境界，分别是：“综合融通、自主创生、享受生活”、“重点突破、尝试创新、苦乐自知”、“探索实践、形成新质、丰富体验”。两年不到的时间内，实验班主任对综合融通的追求，对创生与发展的践行，已经达到新的水平。

3. “新基础教育”学生工作研究共同体的运作特征

（1）统分结合，差异推进

这里的“统”指的是“新基础教育”学生工作研究的目标、任务、实施等有统一的策划。“分”一方面是指针对基地学校、联系学校和跟进学校有不同的研讨要求；另一方面是指在同一时段，对于统一部署的工作和推进的研究，各个研究团队还可以根据自身的条件和状态，策划并决定各自的推进日程、推进策略。“共同体”和各个层面的研究团队独立、交替开展活动，有分有合，为“共同体”的研究在同一时段多方面呈现出新质提供了丰富的资源，通过现场研讨、专题讨论，再由华东师范大学课题组老师给予提炼、概括、整理形成具有普遍推广意义的经验，从而不断放大新质，逐渐形成规模效应。每一次专题研讨结束后，都由研究小组编发内部简报，跟踪探索发展，形成成果积淀，将相关成果与更多学校和老师分享，并通过组织专业论文撰写和经验总结，融入更广阔的学术世界中。

（2）前移后续，长程研讨

这里的“前移后续”有三层意思：一是活动前要围绕主题或专题，组织相关老师提前做好了解或准备，包括总结、梳理已有做法和经验，尝试开展实践研究，以提高现场参与度，丰富研讨资源；活动结束后，在日常的研究实践推进过程中，继续学习、研讨、反思，把认知层面上的收获化为具体的实践行为。

二是针对具体的活动，进行“前移性”策划和“后续性”研讨。在“前移性”策划过程中，我们要求老师根据活动的主题和内容，学习相应的理论，进行学生前在状态、潜在状态和发展需求的分析，在此基础上完成活动方案的设计。活动结束后，老师们针对具体的活动，结合学生活动状态的变化和日常的观察了解，进行“后续性”研讨，策划后续活动。

三是同主题的研讨结束后，基于各个研究团队实践研究产生的新问题、形成的新经验，展开新一轮的研讨。

（3）自主研究，彰显特色

在统筹安排市级层面研讨活动的同时，我们鼓励各实验学校自主安排研讨活动，并倡导向兄弟学校开放，自主决定是否邀请其他学校参与。在这个过程中，学校的自主性、独特性得到充分彰显。依然以常州市为例，常州市局前街小学把每个月的最后一个星期三定为“班队研讨日”，促使班队活动的研究日常化、全面化。非骨干教师的分批参与推动全校班主任老师参与到班队活动的研究课实践中，使每一位老师在实际参与的体验中感受班队活动给予学生的价值。常州市第二实验小学通过专题研究、专题研讨和专项培训、特色班主任评选，打造智慧班主任团队。常州市龙虎塘小学形成学生工作研讨菜单，定期开展部门层面、年级组长层面、班主任层面的研讨、学习、培训，推动骨干班主任培养。常州市蓝天实验学校以课题为抓手，在开展流动儿童城市生活适应指导的同时增强教师研究学生的能力。

“新基础教育”相信：班级建设、学生工作充满着教育的意蕴，能够成为富有中国特色的教育实践形态；班主任与学生工作负责人能够成为专业人员，有着成长的巨大空间。而我们这个共同体的存在，源自每一位班主任、学生工作负责人的投入，同时这个共同体也成为真实、具体、富有生命力的生态系统，滋养着身处其中的班主任、学生工作负责人和大学教师。

在未来几年中，这一共同体将有湖南株洲、江苏吴江等区域加入，将会在学校转型性变革的背景下促成班主任发展团队的多元形成，将会在学生创新精神、实践能力等综合素质的发展方面着力研究，将大力强化国际比较乃至于国际合作研究，将更自觉地融入“生命实践”教育学派的创建之中，将更清晰地理解班主任作为一名教师的基础素养和作为一名班主任的特殊素养的构成与发展路径，也将集中力量促成每一位班主任综合而富有个性的发展。

共同理念下的百花齐放、成事成人之间的有机结合、综合融通的专业形象、富有中国个性的班级建设理论与实践，就是我们一直珍惜着的“明天”！

（江苏省常州市蓝天实验学校　袁文娟，华东师范大学　李家成）

（主持　王皓　班主任之友杂志社）

第六章　成为班主任专家

他们告诉你班主任专业化不是神话，他们告诉你班主任专业化不是废话，他们告诉你班主任专业化并不遥远也不缥缈。追求专业化，你就能摆脱困惑，成就自己，成全学生。

我们为什么要阅读？我们为什么要写作？

我们为什么而研究？我们的研究是否科学而有收益？

班主任如何才能找到自己工作的边界？班主任必备专业素养如何练就？

班主任研究的专家、专家班主任们专业的视角解读、专业的实践历程告诉你，从合格走向个性，从个性走向优秀，做专业的班主任，你也可以！

一、研究练就优秀的你

刘永存：在广大中小学教师看来，“研究”这个词离他们太遥远了，也太高深了。许多一线教师或者班主任对研究和写作都心存疑惑：“我为什么要研究？我为什么要写作？不就是教点儿书，管个小班吗？”

刘良华：我首先要表明我的态度：写作本身不是目的，写作的目的在于，它让教师以研究的心态去做一个理解学生、理解教育的教师。同时，我还要下一个判断：研究的心态和能力是区分平庸教师与优秀教师的标志。

最初，教师的研究总是始于问题、障碍或者困惑。

遇到问题时，一般教师往往眉头一皱，计上心来，他习惯于用自己熟悉的、简单的办法来处理问题。而且，他往往相信，几乎所有教育问题都可以一次性地获得解决。解决某个问题时，他常常点到为止，偃旗息鼓。

不管问题是否最终得到解决，他都不会再视之为问题。

优秀教师却完全不同：第一，他会尽可能设想多种办法，然后，在多种办法中选择一种最优方案。第二，无论他多么自信，总是把所有解决行动都当作一次试探、尝试。第三，如果试探成功，他会总结经验；如果试探不那么成功，他会继续设想别的办法再次去尝试、补救。优秀教师的与众不同之处还在于：他有持久地关注问题、善待学生的耐心和爱心。他把长期关注学生以及学生的学习生活中出现的问题作为自己的内在专业责任和专业使命。没有人强迫他去做耐心而细致的了解、观察、反思，但是，优秀教师甘愿用自己的智慧去看护他的学生、他的课堂、他的校园里的每一个事件。花工对他在花园里亲自培育出来的花儿有一种天然的喜爱，他对花园里某一株花苗的生长出现困难会感到心疼并且会用专业的知识和技能去维护、保护花苗的成长。优秀教师并非某种特殊材料，他不过是把自己还原成为一个爱惜秧苗或花苗的农夫或花工。

刘永存：如此看来，对于中小学一线教师和班主任而言，研究是不可或缺的。缺乏研究，他的教学和班级管理就停留在经验的层面，并且很难得到突破和提升。事实上，研究首先表现为一种意识，同时，也体现了教师和班主任能否对自己的事业精益求精，并保持持续的热情和耐心。当然，一个教师或者班主任仅有研究的意识还远远不够，他还必须具备立足教育教学工作开展实际研究的能力。您认为一线教师和班主任应该如何立足岗位开展研究?

刘良华：研究能力提高的过程就是不断从问题的研究上升到课题的研究。优秀教师除了长时间地关注教育问题并想方设法去解决教育问题之外，他还有一个重要特征：他会逐步由日常的教育问题聚焦到某个特别的教育课题。

日常问题和研究课题的区别就在于：前者是细节的、零碎的、应急性的、临时性的、技术化的、“不成体统”的；后者是完整的、系列的、长期的、稳定的、信念化的、成体系的。

对于一个学科教师而言，有关日常教学问题的研究显示为“课例研究”。中国教育界在2003年前后兴起的“校本教研”（尤其是校本教研中的“课例研究”）是解决日常教学问题的最佳方案。中国教育界以前称之为“教研活动”、“听课评课”或“公开课制度”。后来人们称之为“课例研究”、“教学反思”或“反思性教学”、“磨课”。

对于新教师而言，“课例研究”、“教学反思”或“反思性教学”、“磨课”的确能够帮助他们掌握教学的常规和基本技能，它们也能让年长的有经验的教师把自己的教学信念落实为日常的课堂教学，在日常的课堂教学中直接或间接地显示他们的教学追求。

但是，如果教师长期满足于以上形式，就会陷入具体问题的细节而无法形成属于自己的比较稳定的教学信念。这正是西方行动研究领域既强调实践的行动研究同时又越来越重视技术的行动研究（准实验研究）的原因。

技术的行动研究的名声听起来似乎不如实践的行动研究，因为它往往过于强调研究的技术规范，而不关注课堂教学中的实际问题。英国学者斯腾豪斯（L. Stenhouse）由此对技术的行动研究提出批评并领导了“实践的行动研究”。斯腾豪斯本人提出的口号是“教师成为研究者”（teachers as researchers）和“研究成为教学的基础”（research as a basis for teaching）。斯腾豪斯的思路与后来的英国学者埃利奥特（J. Elliott）提倡的“改进学校实践的行动研究”、美国学者萧恩（D. Schon）提倡的“反思性实践者”是一致的。因此，实践的行动研究也可以理解为“反思性教学”（reflective teaching）或“课例研究”（lesson study）。

然而，实践的行动研究就能够让教师长期受益吗？既然已经解决了问题，为什么后来“批判的行动研究”（也称为“解放的行动研究”）又成为一匹黑马闯出来，成为国际范围内行动研究领域的新方向？

如果说技术的行动研究的主要问题是过于强调研究的技术规范而忽视了真实的课堂教学中的真实问题的研究，那么，实践的行动研究的主要问题则是，它往往过于关注课堂教学中的具体的、细节的教学问题而无法从整体的学科教学的高度或整体的教育原理的高度来解决问题。这正是批判的行动研究产生的原因。

严格来说，批判的行动研究与技术的行动研究、实践的行动研究并非并列的关系。批判的行动研究只是为技术的行动研究提供批判，使技术的行动研究更关注真实的、日常的教育实践。同时，批判的行动研究也为实践的行动研究提供批判，使实践的行动研究从学科教学新观念或教育原理的高度来超越具体的细节问题而进入整体的教育变革。

对实践者（含中小学、大学、幼儿园老师或管理者）而言，最好先从事实践的行动研究（反思性教学或课例研究），然后，通过批判的思维而使实践的行动研究逐步转换为超越学科细节问题的技术的行动研究。如果说实践的行动研究相当于课例研究，那么，技术的行动研究则可理解为课题研究。实践的行动研究（教学反思型的课例研究）更适合年轻的教师新手，技术的行动研究（教育实验型的课题研究）更适合有经验的教师高手。技术的行动研究虽然饱受非议，但是，只有它才能推进教师建立比较稳定的教学信念和比较成熟的教学风格。

刘永存：刚才刘教授谈到了一线教师和班主任开展研究的技术问题。当然，要真正将研究的技术问题掌握好，需要很长一段时间的磨砺。这些磨砺包括如何确定研究的问题、如何去追溯别人已经进行过的类似研究并从中得到启发和借鉴、如何根据所研究的问题拟定研究方法、如何得到可供研究的信息和数据、如何使用科学的分析方法得出可信的结果，等等。这对于一个普通教师来说绝对是一个极大的挑战。正因为挑战巨大，过程艰难，“研究”才会成为优秀与否的分水岭。我们再来谈另一个与研究密切相关的话题。研究完成以后，要求研究者有将自己所开展的研究形成文字的能力，以使得自己的研究能够为人所共享，同时，增加自己的成就感。但是，现在很多教师和一线班主任都感叹自己的文笔不好，写不出来，于是干脆不写。您有什么好的建议吗？

刘良华：事实上，在教育写作中，没有绝对的文笔好或者文笔不好的标准。如果中小学教师把某种纯学术文章当作写作的规范，他们就会发现自己处于“无奈”状态：既不知道如何说话，也不知道说什么。对中小学教师和一线班主任而言，重要的是用自己的语言讲述自己的教育故事。

当然，这并不意味着教师可以随意发挥。恰恰相反，比较简便的办法倒是“从规范格式开始”。

中小学教师的写作一直面临两种危险：一是满足于“小故事”而导致文章过于“随意”而失去“研究”的规范；二是为了追求研究的“规范”而丢失了思考的魅力。出色的教师写作往往在“规范”与“故事”之间权衡。它既显示研究的规范过程，又显示教师自身的个性和特点。

因此，从“规范格式”开始是最好的写作选择。

就中小学教师而言，部分教师之所以愿意做研究而不愿意撰写研究报告，主要是因为他们没有掌握撰写研究报告的基本规范和基本套路，以至于他们感到为难、退缩。对于这些教师而言，他们需要这方面的专门训练。掌握撰写教育行动研究报告的技术并不困难，对某些教师来说，也许只需要花费少量的时间就可以掌握技巧。

教师研究最好先严格练习行动研究报告的经典格式，等到熟练掌握了经典格式之后，再逐步自由写作，自由发挥。

行动研究报告虽然有多种风格，但经典的行动研究报告主要包含三个部分：一是“问题与假设”，二是“过程与方法”，三是“结果与讨论”。这三个要素实际上是教育实验研究报告的基本形式。经典的行动研究报告之所以接近实验研究报告，原因就在于：行动研究原本就是“准实验研究”。

也就是说，当行动研究者不知道如何撰写行动研究报告时，最好先阅读和参考其规范格式，然后，通过模仿，逐步掌握撰写教育行动研究的基本要求。

刘永存：您能说得稍微详细、具体一点儿吗？譬如举个例子来进行阐释。

刘良华：那我们就以行动研究报告的一般形式为例进行讲解吧。

尽管行动研究报告（尤其是“技术的行动研究报告”）的“原型”是

实验研究报告，尽管其一般形式同样包含了“问题与假设”、“过程与方法”和“结果与讨论”三个部分，但是，行动研究报告的一般形式还是在某些细节上显示出独特的风格。

一是研究的问题与假设。这部分主要包括“问题的提出”、“简要的文献综述”和“研究的假设”三个要素。①问题的提出。比如，研究者遇到一个问题：学生不喜欢学英语，英语成绩低下。②简短的文献综述。比如，已有的研究对这个问题是如何解决的，已经解决到了什么程度，还有哪些有待进一步研究的问题。③研究的假设或研究的计划。研究者借鉴他人的研究思路，形成自己的研究计划或研究假设。比如，将传统的“听说领先”英语教学变为“听领先”的英语教学，这样做的假设是：“听领先”有利于提高学生的学习成绩和学习兴趣。于是，行动研究的主题就显示为“‘听领先’对学生英语成绩和英语学习兴趣的影响的行动研究”。

二是研究的过程与方法。包括“过程”、“方法”和“研究的工具”三个要素。①报告该研究的时间、地点、人物（被试）等研究“过程”，比如在哪个年级哪个班级做的行动研究、该班级有多少男生和女生、该研究持续了多长时间。之所以需要详细地报告时间、地点和人物（被试）等“研究的过程”，是因为研究者需要让公众相信该研究是在某个真实的地点所做的真实的研究，而不是虚构的、伪造的研究。②解释具体的改革的“方法”，详细报告研究者采用了哪些具体的改革措施或方法。比如，在展开“‘听领先’对学生英语成绩和英语学习兴趣的影响的行动研究”这个课题研究时，研究者需要详细地解释“听领先”的外语教学方法有哪些具体的革新措施，它和传统的外语教学相比有哪些不同的元素。此外，研究需要报告在具体的研究过程中出现了哪些“分支”和“循环”。这些分支和循环使行动研究的过程呈现出哪几轮研究。③说明收集资料或解释资料的工具。研究者一般采用“试卷”这一工具来测量学生的学习成绩在研究之前和之后所发生的变化。除了“试卷”之外，研究者也可能采用“访谈”或“问卷”这些工具来检测学生的学习兴趣在研究之前和之后所显示的差异。此外，也可以详细地报告研究过程中出现的预料之外的问题或障碍，以及解决这些问题或障碍所经历的几个阶段——行动研究领域将研究过程中出现的“计划—行动—观察与反思—新计划—新行动……”称为“行动研究的循环”或“生成性行动研究”（generative action research）。

三是研究的结果与讨论。包含“学习成绩的变化”、“学习兴趣的变化”、“预料之外的结果”三个要素以及对相关结果的讨论。①学习成绩的变化。学生学习成绩的变化可以通过研究之前的考试成绩（前测）和研究之后的考试成绩（后测）的对比显示出来。为了增加解释的说服力，研究者可以利用前测和后测的数据进行多视角的分析，比如，前测与后测的“平均分”的对比分析、前测与后测的“及格率”的对比分析、前测与后测的“优秀率”的对比分析、前测与后测的男女生成绩变化的对比分析，等等。②学习兴趣的变化。学生学习兴趣的变化可以通过访谈或某种特制的问卷显示出来。行动研究当然可以通过测量的方式探察事物之间的“因果关系”，但是，教育领域中的人（学生、家长、教师、管理者等）的情感（比如学习兴趣）往往很难被测量。因此，可以鼓励学生在“日记”或“周记”中写下自己对于教育行动研究（教育改革）的体验和感受。然后，选择有代表性的学生感受纳入研究的结果与讨论的范围。③是否出现了预料之外的结果并对预料之外的结果进行讨论，是否出现了预料之外的新问题，以及后续研究的打算。

刘永存：这些年叙事研究比较盛行，而您本人也是叙事研究的积极倡导者和践行者。我知道您本人的《教育自传》就是一个比较好的典范，而且在广大中小学一线教师和班主任中有很高的评价。能不能就叙事研究写作给读者进行一些基本的讲解？

刘良华：所谓“叙事研究”，也就是由研究者本人（“我”）“叙述”自己的研究过程中所发生的一系列教育事件，包括：所研究的问题是怎样提出来的；这个问题提出来后，“我”是如何想方设法去解释问题的；设计好解决问题的方案后，“我”在具体的解决问题的过程中又遇到了什么障碍；问题真的解决了吗；如果问题没有解决或没有很好地解决，“我”后来又采取了什么新的策略，或者“我”又遭遇了什么新的问题。

当“我”这样叙述“我”在研究的过程中发生的一系列“教育事件”时，“我”在“叙述”的过程中已经在“思考”或“反思”，这也就使“我”的“经验性教学”转化为某种“反思性教学”。

尤其当研究者将学生的访谈内容或学生日记的体验纳入行动研究报告时，行动研究报告则显示出“叙事的行动研究”的风格。这种研究报告使以往的“议论文”、“说明文”式的研究报告转换为某种“记叙文”、“散文”、“手记”、“传记”式的，口语化的叙事文本。它显得更亲近读者或听众，容易“使有类似经历的人通过认同而达到推广”。

也就是说，行动研究报告虽然可以采用量的方式，收集必要的数据并做必要的统计分析，但一般而言，行动研究报告最好采用简单的“百分比”做简单的统计分析，然后大量采用“教育事件”、“教育故事”来描述行动研究之前和行动研究之后的变化。

刘永存：我想刘教授耐心的讲述，至少让我们在三个方面有所收获。一、为什么中小学教师和班主任要立足教育教学实践工作开展研究，这是区分一个教师和班主任平庸与否的标志。一个敢于研究、勤于研究的老师和班主任可以让自己的教育教学不断走向科学化，从而突破经验的掣肘。二、我们为什么要写作。中小学教师和班主任害怕写作其实并非因为文笔差，而是因为没有掌握如何根据自己的特长撰写相应的研究报告。而对于一个刚入门的新教师和新班主任而言，开始研究和写作时遵守一定的规范反而是一种捷径。三、刘教授为我们详细讲述了行动研究报告和叙事研究写作的写法。我想，读者一定可以从中受益良多。感谢刘教授，感谢您的分享！

（湖北第二师范学院　刘永存）

二、班主任工作的边界在哪里

中小学教育界有一个十分流行的口号——“没有教不好的学生，只有不会教的老师”。然而，这个口号是否科学，是否符合实际，一直没有深究。在教学实践中，许多人将这个口号当作真理，以为事情果然如此。于是校长就用这句话打压班主任，只要学生教育不见成效，就肯定是班主任的问题；于是班主任就陷入了焦虑，学生教育不见成效，他们一方面觉得委屈，另一方面又挣扎着用仅有的几招加大力度和学生较劲，其实也知道自己是在白费力气。班主任即使把所有的精力都用上，也完不成任务，因为此任务本身就没边儿。这不仅是教育万能论，而且是教师万能论，明显经不起验证。

我以为这种教育万能观念是班主任工作整体水平长期难以提高的重要原因之一，也是班主任心理健康状况不佳的重要原因之一。道理很简单，一个没有边界的事情不可能科学化（科学观念中有鲜明的边界意识），人们做一件没有边界的事情肯定充满随意性、盲目性，肯定会做大量的无用功，最后甚至都不知道自己干了些什么。这是很多班主任的切身感受。

（一）正确认识自我

我在网上和网友关于教育边界问题有过两次讨论。

第一次讨论是由美国的“高考”作文题引发的。

当时，有一位方老师在 K12 语文教学论坛上发了一篇题为“美国的‘高考’作文题”的帖子。

中国的高考刚刚结束，大家可能会很感兴趣：美国的 SAT，就是有点儿像中国的“高考”的全国统一考试，作文题是怎样的呢？

让我们来看几道题（选一）：

背景：当今的年轻人受到的教育大部分不是来自学校。他们的教育来自家长、同伴、老师，甚至是街上的陌生人。他们受的教育，来自他们看的电影、听的歌、看的表演、读的课外书、参加的工作、参加的运动队，等等。学校的教育虽然也很重要，但不过是他们受到的教育的一小部分而已。

任务：你认为你受到的教育基本是来自学校以外吗？为什么？自己拟定题目写一篇文章。

看了方老师的帖子，我在论坛上发了一篇题为“正确认识自我”的回帖，认为上述作文题中的说法，不大可能在我国的考试中出现。我们这里比较流行的是“王婆卖瓜，自卖自夸”，谁干什么谁就说什么伟大、光荣、重要、作用巨大。教育工作者怎么可以说自己的作用只是“一小部分”呢？这不是矮化自我吗？

前些日子我到一个中学去给老师讲课，就遭遇了这样的指责。我谈到家庭教育的作用大于学校，谈到遗传的作用不可忽视，谈到教师工作是有边界的，不赞成“没有教不好的学生，只有不会教的老师”的提法，扫了一些人的兴，让他们很反感。其实我的话是有根据的，而他们的反驳，据我看颇为情绪化。

我们有些老师就是这样，他们需要的是好听的话，而不是实话。而等到传媒批评教师工作的某些失误的时候，他们又变调了，这时就不说教育的力量多么伟大了，他们会埋怨体制，埋怨领导，埋怨家长，埋怨学生，摆出很无辜、很无奈、很无助的样子，完全是另一副面孔了。

这些老师也不想想，既然你把学校的作用捧得那么高，“没有教不好的学生”，你大包大揽，你能耐那么大，孩子出了问题不找你找谁呀？如果你早就老老实实承认学校的作用只是一小部分，别人还会苛求你吗？

如果我们承认教育是科学，我们就应该尽量避免在教育的性质、作用问题上使用诗歌语言，少煽情；应该不夸大，不缩小，正确认识自我，老老实实认定自己的作用范围，踏踏实实做力能胜任的工作，这才是科学态度。

（二）不要把别人的责任都揽在自己身上

第二次讨论是关于教师的责任问题。

在教育在线班主任论坛上有一位署名“红房子”的老师发了一个《我不愿做一个树人的罪人》的帖子。

我们班有个孩子A，让人头疼。从别的学校转过来时，家长就告诉我，他在那所学校里待不下去了。我也没有细问，因为这必定是伤心事，他们不愿提及。孩子到了这个班级，我一厢情愿地想：“没有教不好的学生，只有不会教的老师。”可是，一次又一次，学生的表现令我几乎放弃，但我总不愿意去做一个罪人，尤其是树人的罪人，这种责任谁也承担不起呀！

起初，孩子是打遍班级无敌手，我一方面教育他，一方面让其他孩子不要与他一般见识。众多家长反映后，我才批评了这个孩子，随之而来的是他的家长爱理不理的表情和不冷不热的话语。有时真让我受不了。有时想想，反正又不是自己的孩子，管那么多干什么！但是责任心总驱使着我不要放弃。

孩子的作业完不成，问原因，他像个哑巴，只会摇头、点头。有时气极了，打电话告诉家长，让他们督促孩子完成作业，家长只答应，却不照办，第二天作业仍然是不交。有时在课堂上，我责令他赶快写作业，他总会编出“老师，我头疼，我头晕”的话来搪塞，我也不知道他是真疼还是在装疼，就让他休息着。这样一次又一次，孩子身上的毛病越来越多，又有家长在背后撑腰。我该怎样办？我该如何和这样的家长沟通？请王老师指点迷津！

看了这个帖子，我发了一个《答红房子老师》的回帖。

您提供的材料太简略了，我无法判断他是怎么回事。

请告诉我孩子家长的职业、文化水平和教育风格，孩子是谁带大的，他的成长史，他现在几年级，他的各科表现及学习成绩。

另外，您说“我总不愿意去做一个罪人，尤其是树人的罪人，这种责任谁也承担不起呀”，这话我很不赞成。孩子又不是您一个人教育出来的，有那么多人在影响他，凭什么他教育不好要您一个人负责任？这没道理。您只能负您该负的那份责任，请您不要把别人的责任也揽在自己身上，那样只能破坏您的心理健康，对工作没有丝毫好处。

教师工作是有边界的。

教师是学生一生的指导者，但不是学生一生的承包者。

恕我直言，想承包孩子的一生，看起来好像是责任感特强，其实是自我中心——对自己的作用估计过高了。学生怎样度过一生，首先是他自己的事情，某个班主任不过是他的很多帮助者中的一个而已。对许多孩子来说，我们只是一个过客。

我发现，很多老师不是“太把自己当回事了”，就是“太把自己不当回事了”，在两个极端摇摆。希望红房子老师能避免这两个极端。

（三）教育孩子应该是教师配合家长

不久，红房子老师给我回帖。

王老师，看了您的发言，我有一种如释重负的感觉。我并不是想把所有的责任都揽在自己身上，我只是希望能通过我的微薄的努力，让孩子有所进步，让我在今后的工作中更加顺利。毕竟我目前可以得到您的指导，也可以得到您的建议。

这个孩子现在已经十岁了，今年上四年级。他的家长一个做生意，一个开了社区门诊。他们的文化水平不是很高。由于孩子小时候体弱多病，家长只要孩子健健康康就行，不指望他的学习成绩怎么样。以前他的考试成绩大部分是不及格，他经常受到老师、同学的讽刺、挖苦，所以不得不离开那个环境。转入新学校以来，家长仍然是那样的观念，丝毫不配合老师的教育。

孩子喜欢撩逗别人（他以前学跆拳道，现在又改学国标舞了），不管是对男生还是对女生，都爱动手动脚。只要我一进教室，学生立即就围过来告状，每天光听到他的名字就不下百次。针对此情况，我曾经向家长反映，希望他们能对孩子讲讲道理，让他意识到这样做的后果。我也在班级里教育学生要关爱他，多帮助他。这样他就会感觉到大家的诚意，进而和大家好好相处。可是很遗憾，没有明显的教育效果。对待这样的孩子，我真是头疼。

请王老师为我指点迷津！

红房子老师提出了一个十分尖锐的问题：教育孩子，教师与家长，究竟应该谁配合谁？

红房子老师说，“家长仍然是那样的观念，丝毫不配合老师的教育”，这种说法在中小学很常见。老师们总是说家长应该配合老师教育孩子，多数家长似乎也认可这种说法。这反映了我们教育的一个特点：以学校为本位，以学校为中心，家长要帮助老师完成学校的任务和指标。

其实，对一个孩子来说，家庭教育和学校教育相比，总的来说，前者更重要一些。家庭教育不但是基础性的，而且是全程性的。孩子的命运基本上是由家庭教育定调的。学校是干什么的？学校只是在孩子成长的某一阶段给家长帮忙的，学校只是“有限责任公司”。要说“配合”，其实是教师配合家长教育孩子，现在倒过来说，好像老师反而成了孩子的第一监护人，家长倒退居第二位了，这是不正常的。教师不要抢家长的风头，不要把无限责任扛到自己的肩膀上，破坏自己的心理健康。我们只是受国家委派，帮助家长教育好他们的孩子，为社会培养合格公民和人才。我们不能代替家长，我们不是孩子一生的承包者。

比如红房子老师说的这个十岁男孩儿，“家长只要孩子健健康康就行，不指望他的学习成绩怎么样”，这是人家家长的一种战略构想，我们有什么必要非得跟他对着干？人家有权做这样的选择。有的家长认定自己的孩子平庸点儿好、平庸快乐；教师若愿意对他向“立大志”方向做引导，当然也可以试试，但如果人家酷爱平庸，那就让他平庸好了，又不危害社会。你老师何必自作多情，非让人家成龙成凤？我们只是帮忙的，一定要搞清自己的定位。

因此，在给红房子老师的回帖中，我不仅写了上述意思，而且我建议他有机会时对这个男孩儿的家长说下面的话：

“您打算让孩子成为什么样的人，这是您的自由，我们不想干涉。但是作为教育者，我们的职业良心要求我们对您提一点儿忠告：您对孩子的期望值似乎太低了。古人云，‘取法乎上，仅得其中；取法乎中，仅得其下’。孩子精力充沛，不用在正经事上，必出事端。现在您的孩子节外生枝的事情已经不少，发展下去，您想让他‘健健康康’这个目的恐怕达不到，这条底线您守不住，因为不进则退。您的孩子现在才十岁，就已经成了问题学生，将来前途堪忧，希望您到时候不要后悔。另外，学校是有纪律的。您的孩子我们尽量教育，但教育不是万能的。我们仁至义尽之后，如果他还是不改，对不起，我们就要执行纪律了。还有，这个孩子攻击性很强，已经引起了广大同学和家长的不满，矛盾日益尖锐。我们尽量缓和矛盾，但是不排除学生或家长可能直接找您交涉。希望您有个思想准备。再说一句直率点儿的话，孩子是您的，我们学校只是管他一段时间，而您是要陪伴他一生的。孩子从来没有砸在学校手里的，但是却完全可能砸在家长手里。请您三思！”

我发现许多老师喜欢把什么事情都揽在自己身上，精神可嘉，但未必明智。我们都不是神仙，千万不要把自己的本领估计得过高。

（四）教师要树立边界意识

我与红房子老师在网上的讨论，引起了众多关注。不久，一位署名“bnuwwx”的老师在教育在线班主任论坛上发帖。

王老师，你真是太厉害了！

我觉得心理上有问题的学生，应该由专业的心理老师来辅导，毕竟我们不是万能的。开学初，我们班有个住宿生不能适应高中生活，一坐在教室里就呼吸困难，经常胡思乱想，每天都要打电话回家，非常想家，一紧张就啃自己的指甲，她每个指头都只剩下半个指甲了。

我开始是希望通过自己的努力和所知道的方法进行疏导，不知聊了多少次，花了多长时间，当时感觉很好，回头依旧。后来我就联系学校的心理老师，聊了几次之后，学生明显好转，期中考试还在年级进步了一百多名。

所以，别把所有事情都揽在自己身上。即使是班主任，我们首先也是人，然后是老师，教学是根本，然后才是班主任，是管理者。王老师，我这样理解，对吗?

对于这位老师的提问，我的回答是：教师要树立边界意识。

我们有很多教师（尤其是班主任）习惯于把学生的什么事情都揽在自己身上，结果弄得焦头烂额。他把相当一部分精力放在事实上做不好的事情上去了，浪费精力，浪费感情，其结果是本来能做好的事情也耽搁了。

这是缺乏战略思考的精力分配错误。

为什么会这样呢?

你总会听到这样的解释："老师太爱学生了，太负责了，太敬业了。"

这种解释我同意，但是我觉得不全面，我们不能只从正面解释这种"大包大揽"现象。我以为，教师这样做，从另一个角度看，是不清醒的表现，是缺乏科学思维方式的表现。他没有"边界意识"，盲目扩大自己的责任。过分内疚、迷信"爱"的力量、见错就管、知其不可为而为之，都是缺乏边界意识的表现。

科学都是讲边界的。你学习任何一门学科（数学、物理、化学、天文学），它都会很清楚地告诉你，这个学科的研究对象是什么、不是什么，它会明明白白地划定自己的边界，绝不大包大揽别人的事情。比如，数学就拒绝研究"什么是爱"这样的命题。它不是不承认这个题目存在，而是说，这个问题应该由别人去研究，它在我的学科边界之外。这看起来似乎缺乏"雄心"，其实是一种严谨，否则，你跑到我的学科来，我跑到你的学科去，就会造成混乱，谁也深入不下去。当然，也有所谓边缘学科，那是横跨两个以上学科的，但是它一定说得很清楚，我涉及的是哪个学科和哪个学科，它绝不乱跨，绝不"乱爱"。科学总讲"界定"，界定其实就是划定边界。

教师如果具有边界意识，他就会很清醒、很镇静，而不是每天急急挠挠地和学生较劲。他知道自己该做什么、不该做什么，能做到什么、不能做到什么，什么是重点、什么不是重点，什么事我能应对、什么事我只能交给别人去办……也就是说，他知己知彼，工作不盲目，心里不焦虑，他把精力集中在确实能做的事情上，不浪费感情，尽量少做无用功。当他听到“没有教不好的学生，只有不会教的老师”、“校园无小事”这种话的时候，他能明白，这是宣传鼓动口号，不是科学结论；当他遇到确实教育不好的学生的时候，他只会总结经验教训，尽力而为，而不会怨天尤人，自怨自艾。公平地说，有些孩子的问题确实需要专家来处理，或者由公安机关来介入，人们本不该要求班主任拼小命或拼老命，奋力去解决，正像器官移植那种大手术不能要求县医院完成一样。大家的工作都是有边界的，不能漫无边际，谁也不能提没有科学依据的要求。

所以，树立边界意识，对于教育管理的科学化、对于教师工作的专业化、对于教师的心理健康，都有很大的意义。我们也呼吁教育行政部门认真研究和界定教师（尤其是班主任）的工作范围，少提一些漫无边际的、云山雾罩的、胡乱煽情的、经不起推敲的口号，以免误导教师，无端加重教师的工作负担和心理负担。

再来看一个例子。

这是新华网上关于“我们需要什么样的师生关系”讨论中，发表的一篇文章，题目是“我的好心学生不能读懂”。

现在的学生感情冷漠，你把心掏给他们，他们不但不感谢，反而嫌弃。在我的眼里学生就是孩子，需要老师全方位的呵护，但结果却让人心寒。

班上有一个学生的父母感情不好，妻子没有工作，一切依赖丈夫，疑心丈夫有外遇，因为信任就向我倾诉。为了挽救濒临破裂的家庭，给孩子一个安宁的大后方，我把孩子父亲请到学校，跟他谈了孩子的教育和成长问题，并且让他保证不做破坏家庭的事。当时他态度非常诚恳，临走时还感谢我对孩子的关心，可不久我在外面遇到了学生父亲和年轻女人很亲密地在一起。我意识到危机随时可能出现，就将此事告诉了孩子的母亲，希望一同阻止危机。然而，孩子的父亲竟然当着我们的面承认了一切，并且提出马上离婚。孩子的母亲精神崩溃了，杀了丈夫，自己也被送进精神病院……孩子一下子成了孤儿，我能不管吗？我向全校师生发出了捐款倡议。当我把钱交给孩子时，他不但不感谢，还把钱甩到一边，恨恨地说："你已经将我害得家破人亡了，为什么还要继续毁我？"

我真的越来越不明白现在的学生了，他们的心离我很远，无法靠近。每年做班主任我都很投入，但却从没有得到过学生的好评，是学生难教育还是我的教育方式有问题？

我以为，这位老师（李××，13年教龄的班主任）虽然是好心，但是不懂得班主任工作的边界，导致教育行动越位，帮助变成了干涉。家长有外遇，这是人家的私事。教师扮演道德警察，实在是太莽撞了，超出了教师的职责范围。事实也证明，教师的干预并没有解决人家的家庭危机，反而造成了更严重的后果，出了人命。此后，教师不但不反思自己的失误，反而责备孩子冷漠，合适吗？孩子的反应事出有因。做工作应该投入，但不是这么个"投入"法，这属于"介入"了。

李老师只会埋怨学生不能读懂自己的好心，请问：李老师读懂孩子父亲母亲的心了吗？读懂孩子的心了吗？一个也没读懂。所以，恕我直言，李老师是一个相当主观、相当自我的人。要先学会读懂别人，再要求别人读懂自己。爱不能强加于人。

这个例子说明，如果我们不能对班主任讲清楚他的职责范围，而一味鼓吹笼统的"爱"，他们中的有些人会乱来的。

（五）界定班主任的职责范围非常重要

前面说过，我希望教育行政部门认真研究和界定教师（尤其是班主任）的工作范围，我觉得这很重要。社会不能把教育的担子全压在教师（尤其是班主任）身上，这不但不公平，而且实际上效果并不好。

关于班主任工作的边界，我有以下几点具体意见。

1. 学生的学习成绩，不能片面问责班主任

教育常识甚至社会生活常识都在告诉我们，影响一个孩子学习成绩的因素很多，而且成绩如何首先是他自己的事情，因此，给班主任布置学生学习成绩指标是没有道理、没有科学依据的。上级只应该检查教师的教育理念是否正确、教育行为是否规范、教育工作是否敬业，而不应下达什么及格率、优秀率指标。如果出于教师评价的需要，确实要看学生成绩（因为学生成绩与教师工作能力确有一定相关性），那也要经过专家论证，绝不可以由某位官员主观敲定。只要教师努力，只要教师水平高，学生升学率就高，或者反过来说，学生升学率高，就一定证明教师有水平，这种看法是偏颇的。果真如此，重点学校为什么还有“生源大战”？为什么要抢好学生？这说明谁心里其实都明白，事情不完全决定于教师。

2. 问题学生应分三级处理

我主张把问题学生分成三级：轻度、中度和重度。轻度的问题学生当然要由班主任教育；中度的问题学生学校政教处和心理教师应该介入；至于重度的问题学生，则不应该责成学校解决，更不应责成班主任解决。比如品德型重度问题学生应该送到工读学校（建议立法，不能完全由学生及家长自愿），心理型重度问题学生应该去看心理医生，习惯型重度问题学生应该进特许学校（一种公办的特殊学校，教师经过专门培训），个性非常特殊、很难适应普通学校的孩子也应送到特殊学校，辍学生教育应该由社会工作者和警察介入，等等。总之，该谁管谁就应该管，不能让班主任包揽一切，不应让普通班主任去勉为其难地做专家的事情。

3. 问题家长的工作，社区和公安机关应该介入

问题学生的后面往往有问题家长和问题家庭。我主张把问题家长也分成轻度、中度和重度，重度的问题家长应该主要由社区社会工作者和公安机关做工作，一般班主任对付不了他们。

经过这样的剥离，班主任的工作范围和边界就比较清楚了，这样他们才可能把精力集中在真正的工作重点上，集中在班级多数学生身上，才可以少做无用功。这才符合科学精神。

4. 学科的课堂纪律和学生成绩，不能片面要求班主任负责

学科的课堂纪律主要应该由科任教师负责，学生的学习成绩也是如此。有些科任教师动不动就找班主任："看你们班的学生考的这成绩!"或者课上发生了不大的事情，完全可以自己解决的，也动辄请班主任到场，或者把学生轰出教室去找班主任。这不但会给班主任增加不合理的负担，而且会降低科任教师的威信，妨碍科任教师专业能力的提高。学校应该出台有关规定，给科任教师做工作，尽量防止这类事情出现。

5. 非关班级管理的事务，不能随便交给班主任

有些事是该学校总务处办的，比如报到、买保险、订杂志之类的事情，不应该交给班主任办。什么都交给班主任，班主任真成"二家长"了，而且这对教育学生也不利。一切都找班主任，会造成学生的垂直思维。很多学生长大以后缺乏横向联系能力，眼界狭窄，遇事只会找顶头上司，与这种过分的垂直管理有关。中小学学生横向联系能力最强的反而是一些问题学生，可惜他们的横向联系起的多是负面作用，这是不正常的。相比美国学生每日不断地横向流动（教师不动学生动），我们的管理模式有值得反思的地方。

（摘自王晓春《做一个专业的班主任》，略有删改）

三、班主任应该有怎样的素养

"班主任的专业化发展"是一个有争议的话题。质疑者认为班主任的所有素养都是所有教师必备的素养。班华教授说："精神关怀是班主任专业化的核心内容。"有人便追问道："难道其他老师就不关怀学生的精神了吗?"

我认为，班主任的素养和一般教师的素养是交叉的，同时又有所侧重。还是以“精神关怀是班主任专业化的核心内容”这个命题为例，其他老师当然也应该关怀学生的精神，但作为和学生朝夕相处的班主任，他们对学生的精神关怀更全面、更细致、更持久，这是毋庸置疑的。所以，说“精神关怀是班主任专业化的核心内容”我认为是没有错的。因此，要我把班主任的素养和一般教师的素养严格区别开来，在学术上是很困难的，而下面我要谈的班主任应该具备的各项素养，也许其他老师也应该具备，但对班主任来说，则更为重要，而且更为突出。

查阅现在有关班主任素养的论述，它们的确非常丰富。“爱岗敬业”呀，“德才兼备”呀——仔细一想，这些哪里只是教师职业所独有的要求呢？还有“热爱学生”、“民主平等”、“为人师表”等，对于诸如此类的表述，我都同意。说实话，对于班主任素养我实在说不出更多新的内涵，我只是想谈谈我体会最深的几点。也就是说，我没有能力对这个话题进行教科书式的“面面俱到”而又“严谨规范”的论述，但我愿意根据我的实践和体验予以个人的表达。仅此而已。

（一）童心：我们必须会变小孩子

过去人们常常把教书先生称为娃娃头、孩子王，其实，从今天的情况看，班主任才是真正的娃娃头、孩子王。不管这称呼是褒还是贬，它至少说明班主任总是与孩子们联系在一起，我们的心灵应该总是年轻的。的确，乐于保持一颗童心，善于在某种意义上把自己变成一个儿童，这不但是教师最基本的素质之一，更是班主任（当然不仅仅是班主任）对学生产生真诚情感的心理基础。

儿童般的情感。能够自然地与学生“一同哭泣，一同欢笑”的教师无疑会被学生视为知心朋友。有些在成人看来是不可理解的感情，在儿童看来却是非常自然的。而变“不可理解”为“非常自然”，正是不少优秀老师赢得学生心灵的可贵之处。某校初中班有一位性格开朗、学习成绩很好的女孩子，有几天她在课堂上却神情忧郁，无精打采。班主任一了解，原来不久前这个女孩子家里的一只小花猫死了，她因此非常难过。班主任没有批评她，而是买了一个精美的瓷器小猫送给她，并温和地对她说："你有一颗善良的心！但你的生活中，还有比死去的小花猫更重要的内容，那就是你的学习。振作起来吧！"这以后，小女孩儿逐渐恢复了开朗活泼的性格。这位班主任是怀着儿童般的情感去理解儿童的心灵世界的，否则，一切语重心长的教育都无济于事。

儿童般的兴趣。作为成人，教师当然不可能在任何方面都与学生有着共同的兴趣爱好，但班主任的职业却要求我们尽可能保持一些和学生一样的兴趣爱好，这绝不是一味地迁就学生，而是教育的需要。多一种与学生相同的兴趣爱好，你便多了一条通往学生心灵深处的途径。在与学生嬉笑游戏时，教师越是忘掉自己的"尊严"，学生越会对老师油然而生亲切之情——而这正是教育成功的起点。

儿童般的思维。我们常常说要多理解学生，但有时学生的言行，站在教师的角度看，是很难理解的。在这种情况下，只要我们站在学生的角度考虑一下，就很容易理解了。这当然不是说要把教师的思维降低到学生的水平，而是说如果我们学点儿儿童思维，将更有助于我们真正理解学生，从而更有效地引导并教育学生。正是具备了儿童般的思维，全国优秀少先队辅导员韩凤珍同志才会在教育中努力发现孩子们身上缺点的可爱性。韩老师曾在《彻底解放那些被冤枉的孩子》一文中说："孩子们总是怀着善良而美好的动机去做事，渴望得到周围人的赞扬，寻求心理满足。但是，他们生理、心理发育还不成熟，考虑事情欠周到，常常把好事做成了坏事，这是很自然的。因此，我们把孩子们做的那些动机好、效果坏的蠢事，称为'可爱的缺点'。"只有童心才能理解童心，只有学会"儿童思维"，教师才能够发现学生缺点中的可爱，甚至智慧之处。

儿童般的纯真。童心，意味着淳朴、真诚、自然、率直，而这些也正是人民教师，特别是中小学教师应具备的品质。生活阅历赋予我们成熟，社会经验赋予我们练达，文化知识赋予我们修养，人生挫折赋予我们机智……但是，对真善美的执着追求、对假恶丑的毫不妥协、火热的激情、正直的情怀，永远是教育者的人格力量！当教师第一次与学生见面时，他就开始置身于几十位学生的监督之中，面对学生，教育者只能有唯一的面孔：诚实！须知真诚只能用真诚来唤起，正直只能以正直来铸造。正如卢梭在《爱弥儿》中所告诫的："不要在教天真无邪的孩子分辨善恶的时候，自己就充当了引诱的魔鬼。"

陶行知有一段十分感人的话："您不可轻视小孩子的情感！他给您一块糖吃，是有汽车大王捐助一万万元的慷慨。他做了一个纸鸢飞不上去，是有齐柏林飞船造不成功一样的踌躇。他失手打破了一个泥娃娃，是有一个寡妇死了独生子那么的悲哀。他没有打着他所讨厌的人，便好像是罗斯福讨不着机会带兵去打德国一般的怄气。他受了你盛怒之下的鞭挞，连在梦里也觉得有法国革命模样的恐怖。他写字想得双圈没得着，仿佛是候选总统落了选一样的失意。他想你抱他一忽儿而您偏去抱了别的孩子，好比是一个爱人被夺去一般的伤心。"从某种意义上说，童心决定着爱心，而教育者这样的童心，正是我们当好班主任所必不可少的"精神软件"。

（二）爱心：对孩子的依恋之情

爱心对教育的意义已经无须证明。在有关教师或班主任素养的所有论述中，无一例外都会提到爱心。

只是，说到爱心，我们往往只想到一些感人的事迹——老师重病在身，却依然坚守在讲台上；学生突然生病，老师背着学生直往医院跑；学生有困难，老师给他以经济资助……这些的确都是爱心的体现。

但是，我要说的是，像上面谈到的这些爱的事迹，并不是爱的常态，而是在特殊情况下所呈现出来的爱。我认为，我们对学生的爱，应该是日常生活中（即常态的条件下）自然而然的情感和行为。比如，师生之间的互相依恋。判断自己是不是真的爱学生，其实有一个很简单的办法，就是问问自己：我是不是依恋学生？或者说我是不是常常在周末或节假日情不自禁地思念学生？千万别小看这种思念，苏霍姆林斯基说：“对孩子的依恋之情——这是教育修养中起决定作用的一种品质。”

在二十多年班主任工作经历中，我并没有什么催人泪下的“爱的奉献”，但我认为我是真心爱学生的，因为我觉得我对学生有着依恋之情，或者说我和学生互相依恋着。

那年从教科所回到学校要求当班主任，不少人纷纷赞美我有“高尚的奉献精神”，我说不是，我不过是对学生有依恋之情而已，因为学生也很依恋我呀！

2000年春天，我接到教育部通知，去西安参加骨干教师国家级培训。离开成都那天，学生舍不得我走，一直把我送到火车站，并把我的行李扛进车厢放到行李架上。还有十几分钟就要开车了，我叫孩子们回去，可他们说要看着我走。我在车厢里，孩子们在月台上，隔着车窗，李之同学给了我一张折好的字条：“李老师，开车以后才能看。”崔涛同学说：“李老师，我去给你买一瓶水！”说着就跑远了。不一会儿，他在窗外踮着脚把水递给我。张潇文拿着一副扑克牌站在窗下，仰望着我：“李老师，我给你耍个魔术吧！”于是，那副扑克牌便在他手上变得眼花缭乱起来……

火车启动了，我向学生们挥手告别。他们却一边跟着越来越快的火车奔跑着，一边流着眼泪向我挥手：“李老师再见！”从窗口远远看去，一群少男少女在追逐着火车，越来越远……

我从怀里掏出李之交给我的纸条，展开一看，上面抄着《祝你一路顺风》的歌词，歌词下面还有一行字：“李老师，保重身体！”最后是孩子们的签名。看到这些，我忍了很久很久的眼泪终于喷涌而出。

苏霍姆林斯基在《帕夫雷什中学》一书中，深情地描述了他和学生们一起“水上旅行”的情景。他和孩子们想乘船经过水库驶入大河，然后登上某个荒无人烟的小岛，“可是我们没有船，于是我从新学年一开始就攒钱，到了春天，我就从渔民那里买来了两条船，家长们又买了一条船，于是我们的小船队便出航了。可能有人会想，作者想借这些实例来炫耀自己特别关心孩子。不对，买船是出于我想给孩子们带来快乐，而孩子们的快乐，对于我就是最大的幸福。”每次读到这里，我都怦然心动：这就是苏霍姆林斯基和孩子的“依恋之情”！

在学习陶行知教育思想时，先生有一段话特别震撼我的心灵，要想完成乡村教育的使命，使用什么计划方法都是次要的，那超过一切的条件是同志们肯不肯把整个的心献给乡村人民和儿童。真教育是心心相印的活动。唯独从心里发出来的，才能打动心的深处。

(三) 责任心：为共和国培养公民

我们常说的责任心，是指要有对学生负责的精神。那么，什么叫“对学生负责”呢？这个问题似乎不应该有争议，其实不然。

比如，有两类班主任，一类是整天都守着学生——从早操、早读、课间操、午休、做清洁卫生、晚自习，一直到寝室灯熄灭，班主任都辛辛苦苦地陪伴着（同时也监视着）学生。这样的班主任是不是负责任的老师？还有一类班主任，着力培养学生的自律和自理的能力，他并不时时出现在教室里或操场上，但班上的纪律却很不错，这样的班主任又是不是负责任的老师呢？

表面上看，这两类班主任都是对学生负责。其实，我认为，第一类老师只能说是工作态度端正，却很难说是对学生真正负责，因为一旦没有了老师，学生就乱成一团糟，毫无自律意识和自我管理的能力，当着老师是一套，背着老师又是一套，渐渐形成双重人格，这样的老师能说是负责任的吗？

而第二类老师，虽然没有时时守着学生，但学生能够做到老师在与不在一个样，并且努力为班级争光。这样的班主任，并不事必躬亲，甚至看来还比较轻松（其实是潇洒），但我认为他们是真正负责任的老师，因为他们培养了学生自我教育和自我管理的能力，这种能力将让学生终生受用。当然，在班级建立的初期，班主任对学生的细致训练、亲自监督也是必不可少的，但最终的目的是让学生自律、自理和自治。也不排除还有这样的老师，他们以培养学生的自觉性为名而放任不管，结果班风糟糕。这样的班主任连表面上的负责都谈不上！

因此，我这里所说的责任心，既是班主任在日常点点滴滴的工作中认真细致，绝不敷衍地做好每一件事，更是着眼于未来，培养学生良好的人格品质和行为习惯。一般来说，绝大多数班主任并不缺乏前者，而后者，则不是所有班主任都能做到的。

陶行知提出过一个很著名的观点："民主教育是教人做主人，做自己的主人，做国家的主人，做世界的主人。""今日的学生，就是将来的公民。将来所需要的公民，即今天所应当养成的学生。"

为国家培养现代公民，应该是我们每一位教育者的神圣使命，而班主任每天在学生面前所展示的言谈举止，都会潜移默化地影响学生的成长。因此，我们对自己的一言一行要特别谨慎，特别小心。我们今天怎么对待学生，明天学生就会怎么对待他人。我们的手中诞生着未来的公民！

在这里，责任心的背后，其实就是我们的教育理想。更直接一点儿说，一个班主任是否有真正的责任心，取决于他是否有教育理想。

不得不遗憾地指出，我们的教育正在功利化、技术化、庸俗化，我们曾经的理想正在渐渐失落。有时候，为了坚守心中的理想，不得不忍受着现实的种种痛苦。当我几乎快要放弃理想的时候，心灵深处总有一个声音在提醒我："不要忘记，你是一个知识分子！"

我一开始就在我的教育事业中倾注了我的社会理想。我想，也许我一辈子都是一个班主任和语文教师，但这并不妨碍我以自己点点滴滴的奋斗推动着中国教育的进步，进而推动着中国的进步！

中国教育的确需要一批乃至一代把教育当作事业而不仅仅是谋生饭碗的教育者，尤其是和学生朝夕相处并潜移默化影响学生的班主任。他们应该有直面现实的勇气，有超越苦难的精神，有披荆斩棘的双手，有遥望未来的眼睛，他们的心中应该永远燃烧着教育理想主义的熊熊火炬！

我们应该追求理想的教育和教育的理想。那么，在今天的中国，什么是理想的教育？我认为，是一种把人当成人的教育！我们向往并为之奋斗的教育，应该是目中有人的教育，是充满人性、人情和人道的教育，是为了一切人全面发展的教育，是充满着民主精神、散发着科学芬芳、闪烁着个性光芒的教育！

而什么是教育的理想呢？我用一句话来概括我的教育理想：为现代化中国培养真正的公民！

只有站在这样的高度看待班主任的责任心，我们才无愧于中国教师的历史使命。

（四）专家：源于专业的人格魅力

我不止一次听一些校长这样介绍某位老师："这个老师虽然课上得不是太好，但适合做班主任。"对此，我总是表示怀疑—— 一个连课都上不好的老师，果真适合做班主任吗？

我想起了苏联杰出的教育家马卡连柯说过的一句话："高度熟练、真才实学、有本领、有技术、手艺高超、实事求是、不辞劳苦——这才是最吸引孩子们的东西。"试想，不能"吸引孩子"的老师能够当好班主任吗？马卡连柯还说过："学生可以原谅老师的严厉、刻板，甚至吹毛求疵，但是不能原谅老师的不学无术。"

所以我认为，作为一个班主任，首先一定要在学科教学或者说专业技能上征服学生，要让学生迷恋自己的课堂。一个刚毕业的大学生被分到学校担任初一年级的班主任，他来向我"请教"："李老师，我怎么才能尽快在学生中树立威信呢？"我的回答很简单："把第一堂课上好！"他又问："课怎样才算上好了呢？"我说："有一个简单的标志，那就是学生觉得上你的课时间过得特别快，下课后又盼着明天上你的课！"

魏书生、孙维刚、窦桂梅……许多著名的优秀班主任同时又是教学艺术精湛的特级教师，他们首先是在课堂上赢得了学生的心，这是他们成为优秀班主任的必要条件。其实，无数并不著名的优秀班主任也是如此。可以非常自豪地说，我的课是受到了学生的欢迎的。我很多年前教过的学生陈峥，他毕业时考上清华大学，后赴美国留学，现在美国工作。他对我的语文教学这样评价——

李老师的语文给我留下的最深印象是：松而有度……这种教学方式要求老师本人有相当高的文学基本功、思考勇气和思维深度，同时还要有良好的语言表达、沟通能力。至少我认为，李老师具备了这些素质。他常常用独到、准确而富有激情的语言点燃大家的思想火炬，进而潜移默化地熏陶我们的人格。同时，他又非常擅长写作，其语言生动、思想独到的文章常常出现于报纸杂志，这本身就是一种言传身教……我想，李老师不仅以其独到的见解、丰富的文学知识吸引了我们，更是以一种人文素养、一种人格魅力影响着我们、推动着我们，这也许就是李老师的语文教学取得成功的原因，也是给我的最深印象。

作为“专家”的班主任，除了能够把课上好，还应该有教学以外与自己专业相关（或者不相关）的一技之长：教数学的，不妨在课余研究一点儿数学“猜想”；教物理的，最好同时又是一个科技制作的能工巧匠；教政治的，最好能不时发表一些经济学小论文；教语文的，最好又是一位楚辞研究者……

有这样一位当体育老师的新班主任，第一次到班上去时，迎接他的是教室里的吵闹（这是一个几任班主任都束手无策的“差班”），他指了指操场说：“到那儿去！”

顽童们似乎恍然大悟，随即一溜小跑直奔操场，等班主任赶到操场上，几个孩子已经在跑道上跑了将近一圈了。

这下班主任乐了：“我叫你们跑了吗？”

学生们不解了：“那你叫我们到操场上来干啥呢？”

班主任让他们到单杠边上，说了一声：“站在这里，看我的！”

班主任很敏捷地跃上单杠，开始甩大回环，动作优美潇洒，轻松自如，一圈、两圈、三圈……越甩越快，一口气甩了几十个大回环，让孩子们眼花缭乱，目瞪口呆。

班主任和顽童们第一次见面时，就以自己精湛的专业技艺给了他们一个下马威，赢得了他们的心，以后的“较量”自然势如破竹。

这个班主任就是一名“专家”！

每一个立志成为深受学生欢迎的班主任的老师，都应该问问自己：我究竟要用什么去吸引学生？让人信服的教学艺术和专业特长，会对学生产生一种热爱科学、不断进取的潜移默化的感染教育作用，也会使教师本人保持一种源于科学、源于知识、源于专业的人格魅力。

（五）思想家：做一个反思型教师

同样是做班主任，都很敬业，而且常规工作都很不错，在这种情况下，“思考”就成了决定班主任工作境界高下的重要因素。我始终认为，真正的教师（尤其是对学生影响最大的班主任）应该是一个思想触觉十分灵敏的人；追求真理、崇尚科学、独立思考、保持个性，应该是每一个教育者坚定的人生信念。

成天忙于应付补课、编资料而使自己的思想视野愈来愈狭窄的“教书匠”，是难以胜任素质教育重任的。要知道，教育本身就是最具创造性的精神活动，因而教育者充满理想主义激情的人文情怀和独具个性的思想之光，理所当然地应该贯穿于教育的每个环节和整个过程中。

对班主任而言，这里所说的思考首先指对自己的思考，即把自己当作研究对象，揣摩、琢磨、体验、品味自己已经和教育水乳交融的日常生活；同时，思考也包括关注、研究、咀嚼、审视别人的教育实践、教育思想。如果这种思考带有检讨、解剖、质疑的意味，它便成了我所理解的反思，而这种反思的习惯和能力正是任何一个教师走向成功必不可少的精神素养和职业品质。

在从教（同时也担任班主任）20 多年的过程中，我的反思主要包括以下几点。

对教育实验的反思。既然是实验就有可能成功，也有可能失败，如果能够以科学的态度进行反思，即使失败了的教育实验，也是一笔财富。我的"未来班"实验，按说是当时大家都公认的成功实验，但我根据不断变化的时代要求进行严肃的反思，结果促进了我教育观念的更新。

对教育行为的反思。反思不仅仅是针对明显的教育失误，也包括对自己一切教育（含教学）行为的反思：和学生的一次谈心，上一堂课，组织一次活动，甚至和学生交往过程中的某一个蕴涵教育因素的细节，都可以成为我们反思的内容。精益求精、与时俱进、因人而异，都可以使我们的教育更加完美，更具心灵的感染力。

对教育现象的反思。教育者的反思，不应仅仅局限于对自己教育的反思，还应该扩展为对自己所见教育现象的反思。作为一个有责任感同时胸襟开阔的教育者，他会关注与自己相关或不直接相关的教育现象，并同样以科学的态度，尤其是批判的眼光进行审视和追问。在解剖自己的同时，解剖整个教育，这是我们应该追求的教育反思境界。

对教育理论的反思。我们尊重理论，但不迷信理论。对一些似乎已有定论的教育结论或教育命题，我们也可以根据新的实际情况、新的实践重新予以认识与研究，或修正，或补充，或发展。没有千千万万普通教育者富有个性的反思和富有创造性的实践，就不可能推进教育理论的蓬勃发展。

在所有反思中，最重要、最有价值的反思，是对自己错误的反思。

区别优秀的教育者和平庸的教育者，不在于教育者是否犯错误，而在于他如何对待已经犯了的错误。这里所说的"如何对待"，不仅仅是指想方设法弥补错误所造成的损失，而主要是指对错误的反思——对成长中的年轻教师来说，这一点非常重要。善于把教育失误变成教育财富，这是任何一个教育者从普通教师走向教育专家乃至教育家的最关键的因素之一。

把教育失误变成教育财富，前提是我们能够诚实地对待自己的事业，严肃地对待自己每一天的工作。唯有这种真诚和严肃，能够让我们坦然地面对自己的失误——为了我们心爱的事业和学生，我们勇于解剖自己和否定自己，因为这能够使我们更加成熟。泰戈尔有这样一句诗："真理之川从它的错误之沟渠中流过。"也正是从这个意义上说，每一次错误，对所有具备真诚反思精神的教育者来说，都是一个进步的台阶。相反，那些敷衍地对待自己的工作并且被某些狭隘的功利思想束缚住头脑的人，往往会拼命地掩饰错误，会给自己找许多“借口”和“理由”来原谅自己。对这样的人来说，每一次自我原谅都是新的错误，这个错误同时也是一个陷阱——他们即使可能从这次错误的陷阱中艰难地爬上来，但随时都可能掉进另一个错误的陷阱，而永远不能够走向教育的成功。

所谓反思错误，通俗地说，就是犯了错误之后不要轻易地原谅自己，而是拷问自己的心灵：我为什么会犯这样的错误呢？是出于一时的感情冲动，还是有着必然的思想根源？事先能不能够避免？是否收到了我期望达到的“教育效果”？如果达到了某种“教育效果”，那么我付出的代价是什么？如果没有达到，那么这次错误所造成的表面的后果和潜在的危机有哪些，蕴涵着怎样的教育遗憾、教育缺陷乃至教育悲剧，可能会在我的学生心灵中造成怎样的伤害，包含着哪些可以理解的善良意图？这样的错误掩盖着哪些不可原谅的自私和可怕的个人动机？我是否真正从这次错误中汲取了教训，并从中获得了新的教育启迪？

做一个不停思考进而有思想的班主任，不但能够使我们自己的精神世界更加丰富，而且能够以我们的思想点燃学生的思想，培养出善于思考的真正的人。

（六）心理学家：用心灵赢得心灵

20 年前，我所在的城市有一个叫小燕的高一女生自杀了。我听到这个消息，第一个反应是：“她为何自杀?”朋友的答复是：“没有原因。”我自然无比惊讶，因此第二个问题油然而生：“这个学生的品行和学习怎样?”答复是：“品学兼优。连续两届市级三好学生，学校团委干部……”我更加惊讶。我前往这个女生的学校进行了详尽的采访。我采访了她的老师、同学，并得到了她两年的日记和作文作业，经过半年的研究，我得出结论，小燕之死，就法律意义而言，只能由她本人负责，因为她的确是“没有原因”的自杀。但如果探究她思想发展的轨迹，我不得不说，是我们的教育把她推向了绝路——脱离心灵的谆谆教诲（她的日记中多次谈到老师的教育和她心灵的隔阂）、无视学生精神状态的空洞说教（这也可以在她的日记和作文中找到依据）、青春期溢满心灵的苦闷无处诉说（她曾有很多话想对人倾吐，却始终没有也不愿意找班主任谈心）……

我因此而写下一篇9000字的报告文学《她给教育者留下什么“遗产”》。这篇报告文学在《中国青年报》第一版、第二版发表后，在全国引起强烈反响。许多人（不仅仅是教育者，也有不少中学生）参与讨论：我们的教育究竟怎么了？

一位女中学生来信中的几句话，至今还震荡着我的心灵：“老师讲的，不是我们想的；我们想的，恰恰没人回答！”

20年来，我常常问自己：哪些我讲的是脱离学生心灵的“正确的废话”，而哪些孩子们关注的，或需要我解答的，我却恰恰没有回答？

究竟有哪些学生最需要解答的“恰恰没人回答”？为此，我多年前曾在自己所教的高一新生中进行了一次调查。

调查题是：“除了学习以外，目前你还有哪些最关心的问题得不到解答？”

结果，47名学生共提了106个问题，内容涉及人际关系、心理保健、性知识教育、宗教信仰、职业选择、国际政治、与父母的关系、自我评价、社会风气、男女感情、人格塑造、哲学流派、环境保护、生与死等方面，而这些几乎全是我们当时学校德育内容的空白！

一颗颗稚嫩而纯洁的心，竟然承受了这么多、这么沉重的问题，该是多么的忧烦！如果这些忧烦憋在心里得不到排遣，那就更加苦恼了；若这些苦恼不但得不到老师的理解而且还受到责怪，那简直就是痛苦不堪了！

老师因自己传授的思想遭到学生反感而十分伤心，学生因自己关心的问题得不到老师的解答而万分苦闷。教育者和被教育者双方都感到离不开对方，然而现在都失去了对方！

这正是德育的危机之一，也是德育的转机所在——作为处于主导地位的教育者来说，回答学生所关心的问题，找回失去的对方，正是改革德育的一个突破口！

任何一位优秀的班主任都是一位出色的心理学家。真正有效的教育应该是针对学生个性的教育，这必然要求教师具备发现、发挥、发展学生独特个性的技巧与艺术。因此，教育者必须拥有良好的心理学修养，善于走进学生的心灵，敏锐地感受学生的心理变化，与他们息息相通。正如赞可夫所说："对于一个有观察力的教师来说，学生的欢乐、兴奋、惊奇、疑惑、恐惧、受窘和其他内心活动的最细微的表现，都逃不过他的眼睛。一个教师如果对这些表现熟视无睹，他就很难成为学生的良师益友。"

班主任最该想的是什么？

应该是：此刻，我的学生在想什么？

孩子在成长过程中有许多困惑需要请教生活阅历比他们丰富得多的长者，并获得有效的辅导；他们有许多意想不到的苦闷，需要有人倾听；他们也有许多成长的快乐需要更多的人分享……而每天和他们朝夕相处的班主任，理应成为孩子成长的辅导者、倾听者和分享者，理应成为孩子最信任的人！

因此，每一个班主任都应该问问自己："我是孩子最信任的人吗？"如果答案是否定的，那么我们就谈不上任何真正的教育！

（摘自李镇西《做最好的班主任》，有删减）

四、成功班主任要做到五个平衡

今天，要成为一名成功的班主任殊为不易。一方面，在经济全球化和信息技术高速发展背景下的学校教育受到极大的冲击，学生群体的特征已发生明显改变，对教师尤其是班主任的教育和管理能力提出更高要求；另一方面，在传统价值观遇到巨大挑战和危机的同时，人本主义理念逐渐深入人心，教师和学生的关系和地位发生很大改变。而社会对教育的关注和要求却与日俱增，教师受到的压力居高不下。如今，班主任在学校中的地位和作用更显突出，无论是教学还是管理，班主任都处于矛盾和冲突的第一线。要成为一名成功的班主任，比以往任何时候都更为困难。

在多年的工作实践中，我一直在思索成为一名成功班主任的要素，也观察和研究过许多成功班主任的特征。我发现，今天的班级管理和学生工作更加需要教师拥有较为全面的个人素养，除了对学生有爱心和工作敬业这些基本条件之外，一名成功的班主任还需要在以下五个方面达到平衡。

（一）人生态度：理想与现实的平衡

作家筱敏在《鸟儿中的理想主义》一文中说，一只鸟儿被人抓住了，放进了笼子。不同的鸟儿，反应是不一样的。

有的鸟儿迅速接受了被关进笼子的现实，并且很快妥协，所谓大丈夫能屈能伸，“留得青山在，不怕没柴烧”。它接受主人的喂食，有时也会欢快地歌唱。时间长了，主人可能会放松警惕，鸟儿可能会从笼子中找到突破口，乘主人不备，逃出牢笼，重回蓝天。鸟儿也可能会逐渐习惯被人喂养的生活，改变了自己的生活习性，成为人类的朋友，活得也很快乐。这种态度，我们称之为现实主义。

有的鸟儿也是很快就认清楚了形势，但是，它比较悲观，它不相信自己能够逃出去，也不打算逃出去。它从没有想过妥协，它拒绝主人的任何喂食，连水都不肯饮一口。抓它的人有可能会发恻隐之心，放它出去，但更可能的是想尽办法诱惑它改变主意，直到看着它死去。这样一种态度，我们称之为古典主义。

还有的鸟儿被关进笼子之后，不相信自己被抓了，亦可能是不愿接受被抓的事实，它在笼子里不停地扑腾，总相信自己能有重回蓝天的那一刻。结果，有可能笼子不够牢靠，被鸟儿啄出一个洞来，鸟儿得以飞出去。也有可能鸟儿很快精疲力竭而亡，死得很壮烈，但是也死得很难看。这种鸟儿的态度，我们称之为理想主义。

我们对于人生的态度，其实是和鸟儿相仿的。现实主义、古典主义、理想主义，很难简单地区分优劣，不同的价值观、不同的信仰，也就导致行为的巨大差异。

我有一个朋友，与我是校友，姓张，名牌大学中文系本科毕业，后来又读了哲学系的硕士。毕业时，毅然决定投身教育事业，于是来到我所工作的学校教书。一开始教语文，教了一段时间，他对学生说，教科书上的选文并不全是好文章，他决定挑着教，有些他认为没有价值的就直接跳过去不教。节约下来的课时他补充了很多名著美文，有时甚至让学生看他推荐的电影。第一次期中考试，他教的班级语文成绩比年级平均分低十多分，校长急了，找他谈话，他反而和校长探讨起语文教育的真谛。校长让他多去听听年级其他有经验的教师是怎么上语文课的，他回答说：10 年之后 20 年之后再来比较一下，是我教的学生有文学素养还是那些老师教的学生有文学素养。校长很生气："20 年太久，只争朝夕！下次月考，如果你班的分数还是比年级平均分低 10 分，你就下课！"

我这位朋友是位理想主义者，他怎么会妥协呢？于是下一次月考之后，他就"下课"了。校长爱才，虽然不让他教语文，但是安排了一些起始年级的历史课给他上。历史课没有应试压力，他发挥的自由度比较大。教了一个多月，他教的一个班级的班主任紧张地找校长报告说："校长，要出事！我班的历史老师竟然让学生把历史书扔掉！"校长连忙把他找来，他对校长说，他发现历史教材上的很多内容都不是客观事实，对学生会产生误导，所以他力求从更客观的角度让学生了解历史，思考历史。校长语重心长地说："我们学校待你不薄，教材是国家制定的，没有选择，必须用，今后绝不可如此。"

既然上课要循规蹈矩，张老师于是把兴趣点放到带学生社团上去。他看中了教学楼后面一个废弃的角落，向学校申请了一点儿资金，把它改造成了一个花房，然后找了一些学生，成立了一个花房小组，大家齐心协力，有钱的出钱，没钱的出力，竟然使花房成为学校的一道风景。一个周末的晚上，我在学校加班到很晚，九点多才离开，在校门口碰到两个从家里赶过来的学生，我好奇地问他们为什么这么晚来学校，学生说，张老师告诉他们，今天晚上昙花要开。我听了大吃一惊，难道是传说中的"昙花一现"

的昙花？那天晚上十一点多，昙花确实盛开了，学生拍了很多照片，登在他们社团办的小报上。我看了非常感动。什么是有生命力的教育？这就是有生命力的教育！多年以后，这些孩子可能已经忘记老师在课堂上教给他们的一个数学公式，可是会永远记得那年那月那日夜里昙花盛开的情景！

除了花房小组外，张老师还带了一个读书社，指导学生读书，并且办了一份叫《我们》的小报。报纸办得很好，文章质量很高，很受学生欢迎，但是好景不长。一天早上，校长刚到办公室，一群小学部的教师拿着一叠报纸冲进来，有的说："校长，这张报纸学校审核过吗?"有的说："校长，这张报纸的文章代表校方的观点吗?"还有的说："校长，这期报纸我们都已经回收了，您说怎么办吧。"校长说："不要着急，让我来看一看。"说完，拿过一张报纸。在老师们的指点下，校长看见头版醒目位置一篇文章，标题叫作"学校像监狱"，是一名学生写的，指导教师是张老师。学生在文章中列举了学校和监狱的若干共同点，还颇有点儿道理。在第二版张老师更是亲自操刀写了一篇文章，题为"谈一谈教师的霸权主义"。文章中引用了他亲眼所见、亲耳所闻的一些教师尤其是班主任的言行，实在是触目惊心。来找校长告状的许多教师就是因为被张老师在文章中不点名批评，所以特别恼怒。

既然触犯了众怒，校长也保不住他了，张老师最终辞职离开学校。过了两三年，张老师突然变得很有名，从中央电视台到《南方周末》到凤凰传媒到上海的各家电视台、广播电台、报纸杂志，包括上海的党报《解放日报》，都用大幅版面介绍了他的事迹。原来张老师在离开学校之后，把目光聚焦到了上海民工子女的教育上，成立了一个久牵志愿者服务社，在这些民工的孩子下午放学后，把他们组织起来义务教他们学乐器，教他们练合唱。张老师受了法国影片《放牛班的春天》的影响，坚信音乐对人的教育功能，他希望通过音乐的熏陶，改变这些孩子的生活样态。

张老师的所作所为符合和谐社会的大背景，因此被媒体广为报道。但是在聚光灯冷却下来之后，他还得为这个志愿者组织的生存发展而奔走。张老师其实是一个社会经验并不很丰富而且非常理想化的书生，在此过程中受到的挫折可想而知。他的父母非常不理解他，以至于他为了避免父母的唠叨经常不回家。在他最困难的时候，他的一些朋友也劝他："你所做的事情很有意义，但是目前的条件还不成熟，你不妨先找一份工作，把这件事当作兼职来做。说不定过几年，会有越来越多的人理解你，也不至于像现在这样糟糕了。"他是怎么回答的？"那我就来做铺路石!"他说得斩钉截铁。

什么是理想主义？这就是理想主义。为了理想，可以放弃一切。萧伯纳有一句名言："理智的人让自己适应社会，非理智的人让社会适应自己，然而，社会的一切进步都取决于非理智的人。"我之所以十分敬重他，正在于我知道他的价值，推动社会前进的不是大多数的现实主义者，而是像他这样少数的不理智的理想主义者。尽管他们活得很累，甚至会碰得头破血流，但是，他们是社会发展和进步的脊梁，他们也是社会发展和进步的希望。

我们现在的许多优秀班主任，都是现实主义者。他们可以把一个班级管理得很好，会拿到很多荣誉，学生会很乖，很听话，纪律很好，很少犯错，成绩也很棒，表面上看起来几乎没什么缺点。但是，所有这一切评判的标准都是在学校和教师这一边的。学生的未来和发展呢？很少考虑。学生的创造性、想象力被扼杀了，学生的独立思考精神丧失了，甚至，学生的人格出现分裂，人前一套，人后一套。如果是一个有理想的教师，一个真正用发展的眼光看待学生的班主任，他会着眼于未来对待学生。即使是一些暂时比较调皮的所谓后进生，也会因为品格的正直和仗义被教师欣赏、保护。因为这些教师知道，调皮的学生总有一天会懂事，而如果那时候他们的自信还没有被摧毁，他们很可能会在其感兴趣的事业上达到那些听话的学生所不能企及的高度。

因此，一个成功的班主任，绝对不能安心于做一个教书匠。他应该有理想，有追求。回想我自己，刚刚参加工作时，不是想着怎样追求时尚，怎样过悠闲的生活，或者怎样追求花前月下，怎样去赚更多的钱。我深感自己学养的不足，在工作之余经常把自己关在房间里看书，偶尔去逛街买得最多的也是书。我给自己立下了一个不做平庸教师的志向。十多年过去了，我在我的工作领域里有了很多实践和思考，对许多问题有了自己的认识。回过头来看当年与我一起工作的同学或者同事，他们活得也很滋润、潇洒，但是大多很平庸，有些还时常在工作上陷入困顿。

当然，我并非希望大家做一个纯粹的理想主义者。我们都生活在现实中，都要食人间烟火。比如说在目前的体制内，没有一所学校可以公然宣称完全不在乎学生的分数。当然，通过什么方式让学生得到高分，一个心怀理想的教师可以给出异于纯粹现实主义者的思考和答案。

张老师在最困难的时候，连自己的生存都成了问题。我在得知消息后伸出援手，帮他在一所学校找到一个兼职的机会，让他至少能够挣点儿钱养活自己。同时，生活的历练也让张老师逐渐抛弃了以前的一些不切实际的想法，他纠正了自己思想中部分比较偏激的观点，学会了用更宽容的眼光去看待身边一些不完美的人和事，对于那些"霸权主义"的教师，他改变了抨击的态度，而尝试去帮助他们，转变他们。这使得他赢得了更多人的理解和支持，越来越多的人加入他的志愿者队伍中来，正所谓得道多助，他的"久牵"事业也得以发展壮大。

（二）个人品质：仁、勇、智的平衡

在《论语·宪问》中，孔子说："仁者不忧，知者不惑，勇者不惧。"孔子认为，能够做到这三点的人可以称得上是君子了。

南怀瑾先生在《论语别裁》里对这句话做了解释。他说，"仁者不忧"，即指有道德的人没有忧烦，只有快乐。任何事情都能做到无忧，都有办法解决，纵然没有办法解决，也能坦然处之。"知者不惑"，说的是真正有高度智慧的人，没有什么难题不能开解，没有迷惑、怀疑之处，上至宇宙问题，下至个人问题，都了然于心。"勇者不惧"主要指的是公义之所在，心胸昭然坦荡，没有什么恐惧。

西方的《圣经》里对仁、勇、智有另一种角度的阐释：对于不能改变

的事情不去改变它，叫作仁；对于能够改变的事情努力去改变它，叫作勇；而能够正确地区分这两者，叫作智。

成功班主任首先必须是一个有道德的人。他有这样的心胸和高度爱一切学生，即使学生再调皮，即使学生再糟糕，他都能够包容。我刚工作那会儿，不怎么会上课。开学没多久，学校里聘请的顾问毛蓓蕾老师来听我的课。毛老师个子不高，戴着一副眼镜，非常和蔼地跟我打招呼。上课的过程中，她表情严肃地在本子上记了很多东西。下课后，毛老师问我："你教了多长时间书啊?"我说："两个多星期吧。"毛老师惊讶地睁大了眼睛，过了一会儿，她说："两个多星期能上成这样，已经很不错了。"接下来，她非常和蔼地和我一起分析课堂教学的一些细节，虽然是指出我的问题，但是没有让我感受到一丝批评和责怪之意。毛老师从事教育工作六十多年，是全国知名的德育特级教师，可是在我眼里，她对待所有的人都像春风一般温暖。那时候作为一名初出茅庐的青年教师，我对她更多的是一种景仰。如今，有了十多年的工作经历，再回想起来，我对毛老师则是一种敬佩了。一个心中没有大爱的人，是达不到她那样待人的境界的。

在如今纷繁复杂的工作实践中，仅有仁，结果可能会不理想。春秋时宋襄公的故事就很有名。宋国与楚国打仗，宋国军队已经在泓水岸边列好了阵，楚国军队正准备渡过泓水来交战。宋国的右司马走出队列，对宋襄公说："楚军比我军人数多，我们应该趁他们正在渡河马上发起进攻，那样楚军必败。"宋襄公说："我曾经听君子说：'不能攻击已经受伤的敌人，不能擒获须发已经斑白的敌人；敌人处于险地，不能乘人之危；敌人陷入困境，不能落井下石；敌军没有做好准备，不能突施偷袭。'现在楚军正在渡河，我军就发起进攻，有悖于仁义。等楚军全部渡过河，列好阵，我们再进攻。"右司马说："主公如此不爱惜宋国军民的生命财产，等到兵败国灭，还有什么仁义可言?"宋襄公喝道："你再不退回队列，就要以违反军法论处。"右司马只好退回队列之中。等楚军全部渡过河，列好阵，宋襄公击鼓进攻。宋军大败，宋襄公也受了伤，不久就死去了。宋襄公是一个极其讲道义的人，后人笑他是"妇人之仁"，但是，客观地说，他还是给我们树立了一个仁的标杆，从某个角度来说，是迂腐；从另一个角度来说，是执着——不该做的事情绝对不做，宁愿委屈自己，牺牲自己，也不愿违反原则。

成功的班主任勇气也必不可少。这种勇，更多地表现为一种信心、一种意志，咬定青山不放松，坚持到底，就是胜利。

我们说一个成功班主任必须具备“勇”的素质，是因为在工作中我们会碰到各种各样的困难，有些困难无法回避，必须昂首面对，并且要持久经历。在与一些问题学生交往的过程中，班主任如果能够表现出更多的坚毅和决心，学生通常就会受到感染而接受教师的教育。同时，教师的“勇”还表现在对待自己的态度上。我们说，战胜自己最艰难，一个人最大的敌人其实是他自己。克服自己的惰性，战胜自己的软弱，保证自己始终向着正确的方向前行，靠的还是克己的勇气。

然而，缺乏仁与智的勇只能是匹夫之勇。我认识一位年轻女班主任，她以对学生严厉和言辞犀利著称，她教的学生对她都很敬畏。然而有一次带了一个新班，遇到一名桀骜不驯的男生。在一次课堂上男生公然与她对抗，女班主任十分生气，走过去用书敲了一下男生的脑袋。男生奋起还击，一脚踢中女教师的腹部，这一脚的后果是女教师怀孕刚两个月的胎儿流产了。更加郁闷之处在于她得不到家长的任何赔偿，因为是她动手在先，她首先犯了错。学校也只能大事化小，小事化了。

在不同的时间和场合，不同的品质会发挥不同的作用。我小的时候几户人家住一个大院子，邻居一位老太太十分慈祥宽厚，赢得了所有人的尊重，她是以“仁”取胜。我的一个高中同学，没有考上大学，毅然不顾反对，放弃家人为他觅得的安定工作，借钱下海经商，结果赶上了机遇，事业有成，这是以“勇”取胜。而现在转型期的学生工作错综复杂，对教师的工作方式提出严峻挑战，我写的《班主任兵法》可谓是以“智”取胜。

在《班主任兵法》中，我曾举过两个例子，来说明“智”的重要性。一个例子是：某位爱狗成癖的人，常常花费巨额金钱，购买昂贵的健康食品，来宠养他的名犬。他听人说深海鱼油对狗的发育很有帮助，于是每天一大早，他都把狗抓来，用双膝夹紧狗头，强迫它张大嘴巴，然后对准喉咙灌进鱼油。有一天，狗大力挣扎，挣脱了主人的双膝，鱼油也流得满地都是。这人生气之余，看到狗自己转过身来，静静地舔食羹匙，此时他才回过神来，发现狗所抗拒的不是鱼油，而是他喂食鱼油的方法。另一个例子是：有一个年轻的牛仔想把一只小牛赶进牛棚里喂食，可是这只小牛不愿意进去。年轻牛仔用力地抓住牛角，想把牛拉进牛棚，可是拉不动。牛仔的爸爸见到了，也出来帮忙，一个在前面拉，一个在后面推，可是这小牛发了牛劲，抵死不从，无论两人怎么费劲，小牛都不肯进去。这时他们家的保姆出来，轻轻地吹了一声口哨，然后把大拇指塞进了小牛的嘴巴里，小牛含着保姆的大拇指，乖乖地跟着她进了牛棚。

这两个例子说明了同一个道理——教师必须思考并选择自己的工作方式。要知道，今天的学生抗拒的并不是我们的教育内容，而是我们给他们的教育方式。

讲到“智”，就不得不提到中国人心目中“智”的化身——诸葛亮。冯梦龙的《智囊》里曾记载了这样一个故事：晋朝的大将桓温征讨蜀地时，遇到一个170多岁的老人，这个人和诸葛亮曾生活在同一个时代。桓温问他：“世人都说诸葛亮了不起，你觉得诸葛亮有什么过人之处？”他回答：“似乎也没有什么过人之处。”桓温一向比较自负，听到这话脸上就显出傲慢的神情。不料他接着说：“但是自从诸葛孔明之后，我就再也没有看到过行事像他那样妥当无误的人了。”桓温这才觉得很惭愧，因为这世界上的事，难就难在“妥当”二字，能够把所有事情都做得很妥当，一定要有了不起的智慧。因此，简洁地说，所谓“智”，并不是说要如何如何聪明，而是做事妥当，做事合理，恰如其分。

一名成功的班主任是智、仁、勇三者兼备的。毛蓓蕾老师十分仁厚，同时她对学生心理的研究是非常深刻的，她的《小学生心理辅导札记》是十分有价值的学生转化案例，你能说她没有智慧吗？而要惩戒学生则需要高超的智慧把握好“仁”和“勇”的分寸。

（三）工作风格：方与圆的平衡

黄炎培在教育子女做人做事的座右铭中这样写道："事闲勿荒，事繁勿慌；有言必信，无欲则刚。和若春风，肃若秋霜；取象于钱，外圆内方。"其中最后一句"取象于钱，外圆内方"是指中国旧时的铜钱，中间有方孔，也就是说，如果是必须坚持的原则和立场，就应像钱中的方孔那样方正，然而，对人的态度，就应和若春风，也就是要"圆"。"圆"并不是圆滑，而是圆通、圆润。

外圆内方是古人教诲我们为人处世的道理。有这样的教师，对学生动辄教训、呵斥，学生虽然表面顺从，但是内心都很怨恨他。客观地说，教师的批评绝大多数时候都是正确的，所以有教师信奉"严师出高徒"的道理，但是过于方正，不照顾学生的脸面，不考虑学生的心理感受，这就是不懂"外圆"的道理。也有教师过于软弱，对于学生的错误言行，只当作没有看见。即使是一些事关原则的问题，也是高高挂起。网络上曾经有过一段学生侮辱教师的视频，上课时学生不但不听，还不断地用言语羞辱教师，教师显得非常无奈。媒体曾报道过的学生在其课堂上打架导致猝死的"杨不管"老师，也是缺乏"内方"的典型例子。虽然学生的猝死是偶然事件，但是教师的处事原则首先就错了。

方与圆是一种平衡，方是刚，圆是柔。对于一名教师来说，刚与柔是必须具备的。

刚是一种威仪、一种自信、一种力量、一种不可侵犯的气概。刚是一个人的骨头，是人的精神内核。人不可无刚。曾国藩一生刚强，坚而不摧，以为古来豪杰以"难经风浪"四字为大忌。他曾自述道："吾家祖父教人，也以'懦弱无刚'四字为大耻。"又说："至于倔强二字，却不可少。功业文章，皆须有此二字贯注其中，否则柔靡不能成一事。孟子所谓'至刚'，孔子所谓'贞固'，皆从'倔强'二字做出。"自古以来，哪一个成功的人不是在磨难面前不屈服，不退缩，最终有志者事竟成的呢？因此，"刚"非常重要，"刚"是一个人成就事业的基础。

柔是一种收敛、一种风度、一种魅力、一种婉转绰约的姿态。柔是一个人的皮肉，是一种处世方法。人不可无柔。中国谚语曰：“推己及人。”孔子云：“己所不欲，勿施于人。”又云：“己欲立而立人，己欲达而达人。”意思是说，我要步步站得稳，须知他人也要站得稳，我要处处行得通，须知他人也要行得通。我们要领会这种人情世态。我们与人交往时，要谨记“谦虚礼让，柔以待人”八字。“善以不伐为大，贤以自矜为损”，舜因有谦让之德，而能名扬四海，汤礼贤下士，其圣敬之德乃日益精进。人生活在世间，总是有七情六欲，总是需要别人的帮助，因此，人际关系中，以“柔”为贵。

人不可无刚，无刚则不能自立，不能自立则不能自强，不能自强也就不能成功；人也不可无柔，无柔则不亲和，不亲和就会陷入孤立，四面楚歌，自我封闭，而拒人于千里之外。然而，刚柔也有分寸，刚太过了，产生暴虐，便会折断；柔太过了，显得卑弱，便会靡软。

有两句话，是讲刚与柔的关系的。一句话叫作“外柔内刚”，有人以此来描述人立身处世的原则，也就是外圆内方。第二句话叫作“柔能克刚”，古人曾经以舌头和牙齿来说明柔能制胜的道理。牙齿不可谓不刚硬，舌头不可谓不柔软，然而一个老年人，活了七八十年，牙齿都脱落光了，舌头却依旧灵活。这便是柔能胜刚的最好例证。

外柔内刚是一种很好的平衡，而在我们身边，外刚内柔的人也不鲜见。

我们时常可见这样的教师，对学生的表现动辄言辞呵斥，发起火来如同狂风骤雨一般，然而内心却很柔软，对学生的关怀体贴入微。这样的老师我们称之为“刀子嘴豆腐心”，时间长了，学生都会了解教师的为人，也会被教师的真心真情感染，尽管教师有时确实很严格，但是学生依旧很喜欢他。

在我的成长过程中，有一位老校长对我影响很大。他曾经对我说，要做好班主任，必须做到八个字：菩萨心肠，霹雳手段。而他自己也的确是这么实践的。他在学校主持工作期间，对所有的老师都很关心，对像我这样的年轻教师尤其爱护。然而，他也很让人畏惧，对于那些不认真工作，或者能力无法达到岗位要求的教职工，他的处罚也是毫不手软的。由于他处事公正，行事果断，在学校里威信很高。学校在他的主持下发展得很快。

“刀子嘴豆腐心”也好，“菩萨心肠，霹雳手段”也好，都是外刚内柔的表现。与外柔内刚一样，外刚内柔也是一种很常见的平衡。

一名成功的班主任必须做好方与圆之间的平衡。他首先得认真细致地分析自己的性格属于刚硬还是软弱。如果本性比较软弱，那就必须在外表上让自己变得强硬一些。如果内柔外也柔，那就是颓废无能了。如果本性比较刚硬，那就必须让自己的外表更有亲和力。否则内刚外也刚，那就不只学生遭殃，自己也要吃苦头。

多年前，龙应台写过一篇很有名的文章，叫作《中国人，你为什么不生气》，文章剖析了中国人在传统文化中熏陶出的“温良恭俭让”所形成的弊端，以至于面对一些极过分的现象时也无动于衷或只在内心抗议。如今，这种现象在教育中依然存在。我时常注意到一些孩子因为一开始做了不好的事情，他的家长或者老师看到了不仅不制止，还觉得小孩子比较可爱，殊不知今天的小错就是明天的大错！当学校要对孩子的错误进行处理时，他们或是包庇，或是求情，所说的话无非是“下不为例，教育为主”等，我就忍不住愤怒：家长，你为什么不生气？老师，你为什么不生气？当孩子真的犯下大错并且连家长和老师的劝导也听不进去的时候，只怕悔之晚矣。这样的例子我们还见得少吗？因此，该“方”的时候一定不能“圆”。

我认识一位班主任，虽是女性，却巾帼不让须眉，性格十分豪爽，为人处世讲原则，不但自己恪守，也要求学生必须做到。有一次，她班级的学生违反了她的原则，她要求其认错。学生本来情绪不佳，又加上逆反心理作祟，竟与她当面顶撞起来。该教师大怒，当即将学生送到学生处，要求学校给予该生处分。学生处的教师在了解事情原委对该生进行批评教育之后，将其送回班级，同时要求班主任对学生更加宽容，更具耐心。班主任“宁折不弯”，第二天就向学校提出辞呈。仅仅因为学生当众冒犯了她的权威，就导致这样的结局，这是不知变通的结果。这种行事风格只有“方”，没有“圆”，到了最后，把自己和学校都逼到了一个尴尬的境地。

在与领导和同事交往时，方与圆的平衡也同样不可少。班主任管理班级时可以要求严格，比如学校组织的各种活动，班主任应当要求学生全力投入，努力争胜。但是在与其他班级发生纠纷时，不可一味逞强，而要懂得谦让之道。还有教师因为别人的一句玩笑、领导的一个批评而较真，不但跟别人生气，也跟自己生气，这都是不可取的。

在《班主任兵法》中，我曾经写过一篇《外圆内方》的案例，讲的是作为班主任的我处理一起学生与教师冲突的案例。在此案例中，一名容易冲动的学生与科任教师发生冲突，教师责怪学生不尊重她，而学生则冲着教师吼："你不值得我尊重！"我先是将学生带离教室，好言安慰他，待其冷静下来后，请他诉说事情的原委。虽然事情的起因是学生作业的问题，但是科任教师的言语确实欠妥，我内心是倾向于学生的。但是我仍然耐心地和学生讲道理，我通过他的名字"袁方"告诉他父母取这个名字其实是希望他以"外圆内方"作为自己为人处世的准则，无论如何，对教师一定要尊重，而且，对包括教师在内的所有人都要有一颗宽容的心。在我的劝说下，袁方下课后向科任教师做了诚恳的道歉。科任教师也主动坦诚了自己的错误，一场危机迎刃而解。

（四）教育理念：教与学的平衡

教师和学生是两个很值得琢磨的称呼——教与学，师与生。一段时间以来，在相当一部分教师头脑中，形成了这样一个错误的观念：教师的任务是教，学生的任务是学。一位教师在应对校领导的批评时这样说："该讲的我都讲了，学生不听，我有什么办法？"我也时常听到教师这样批评学习成绩差的学生："农民的职责是种植粮食，工人的职责是制造产品，军人的职责是保卫疆土，你父母的职责是挣钱养家，你的职责是认真学习！"这段话听起来合情合理，无可挑剔，殊不知，其教育理念已经出现了偏差。因为学习不仅是学生的事情，指导学生好好学习也是教师的职责。所谓教学，可以理解为教学生学。张瑞敏曾说过这样一句话："说了，不等于做了；做了，不等于做到位了！”教师怎么可以说“该讲的我都讲了，学生不听，我有什么办法”呢？因此，教与学，其实是学习的两个方面，没有有效的教，也就不存在有效的学。

大多数教师可能会接受这样的观点：教的中心是学，教的目的也是学。可是，很少有人深入思考如何实现“为学而教”。现代课程理论之父泰勒（R. Tyler）有一本经典著作《课程与教学的基本原理》，该书对于有效教学做了极为精辟的阐释。泰勒认为，教师应更加关注学生的学习体验，或者说学习经验。要知道，在同一个教室里聆听同一名教师讲课的是不同的学生，从而有可能产生不同的学习经验，而学生的学习经验甚至有可能与教师的教学目标背道而驰。比如，一名数学教师原本希望通过自己的解题过程，让学生感受到数学的严谨与美，但是有学生却在教师的讲课过程中，感到冗长、晦涩而对数学产生厌烦情绪。泰勒特别强调，教师要关注学生在实现教学目标的过程中所产生的满足感，他认为这是学生学习经验的重要组成部分。既然不同的学生会产生不同的学习经验，那教师的教学方式就必须因人而异了。

当一名教师以班主任的身份管理班级时，同样要关注学生的学习经验以及状态。关于学生状态的问题，我曾经写过一篇题为“教学三境界”的文章，对此做过阐述。教师教学有三个境界，第一个境界是教知识。即题海战术，反复训练，不管什么题目，先让学生多做几遍，混个脸熟。第二个境界是教方法。教方法的老师就比较高明了，不是就题讲题，而是通过题目讲方法，正所谓“授人以鱼不如授之以渔”，可是这还不是最高的境界。我总结出来的第三个境界是教心态，或者说是教状态。心态或是状态反映出来的就是学生的精神面貌。

那么，什么是好的状态呢？前世界女子乒乓球头号选手邓亚萍便是一个很好的例子。邓亚萍进入少体校后，并不被大家看好，因为她个子矮，手臂也不够长，打球的身体条件并不出众。但是邓亚萍十分好强，每天训练完，她都要自己留下来加练一到两个小时。如果有谁在训练中赢过她，她就一定要赢回来。就是靠着这股劲头，她从少体校进入了省队，然后又进入了国家队，最终成为女单一号主力，并长期占据世界女单的榜首位置。退役之后，她选择出国读书并拿到了学位，这对于一个运动员出身的人来说是多么不容易啊！然后她又成为奥委会官员，为国家申办奥运会立下了汗马功劳。有人说，性格决定命运，我认为，心态也决定着命运，邓亚萍就是一个很好的证明。

我曾经教过一个学生，初二期末考试数学他才考了 8 分。8 分是什么概念呢？基本上是什么都不懂。因为数学试卷中有选择题、填空题，他随便写几个答案也能做对几道题。那么，他为什么还考了这么低的分数呢？因为他觉得学数学没有用处，所以根本不学。然而到了初三，他的状态却发生了翻天覆地的变化，这种变化一方面是我们教师教育的结果，但主要还是来自他对学习认识上的改变。他像变了一个人似的，上课的时候眼睛紧紧地盯着黑板，像是有磁力吸引着他一样；课后也总是有问不完的问题，嘴里还念念有词："来不及了，来不及了……"我们学校是寄宿学校，学生在晚自修结束之后都要回到寝室，他每次回去之后都要复习到很晚。生活老师要关灯，他却不肯，还说："我考不上高中你负责吗？"生活老师的确承担不了这个责任，只能来找我。于是我就做他的工作，告诉他学习要讲求效率，睡眠是必须保证的。如果第二天上课因精力不足而打瞌睡，那就得不偿失了。他听从了我的劝告，并和生活老师达成了协议：我们专门给他安排一个小房间，但是晚上十一点之前一定要回寝室睡觉。这个学生以这样的状态学习，到初三结束时，数学满分 100 分，他考了 84 分，超过了区平均分。

有些教师在面对初一、初二一些不爱读书的学生时急得不得了，把学生从操场上抓回来，逼着他们做题。要知道，这些学生身在办公室心却在操场上，他们的学习效率可想而知。而教师这样做也常常是白费力气，我要劝告他们不用着急，我身边的例子就可以说明，初中四年（上海是小学五年、初中四年）的数学内容，只要学生认认真真学一年就能大幅提高成绩，关键是教师如何把学生的状态调整过来。

有一次我去医院看病，很偶然地在医院的墙上看到著名医生林巧稚的一段话。当时我正被一些问题所困扰，看到这段话后，我如醍醐灌顶，豁然开朗。林巧稚是这样说的："医生的对象是活生生的人，他们有思想，有感情。看病人不是修理机器，医生不能做纯技术专家，不要凭医学报告下诊断、开处方，而要到病人床边做面对面的工作，悉心观察，关心照顾病人。"

大家想想看，医生的专业性比教师的要强很多。一个大学生本科毕业后就可以相对比较容易地做教师，但是却不能随随便便给人看病。有教师这样认为，我是教数学的，我只要会做题、讲题就行了。然而，这是很不专业的表现，连医生都需要关注病人的状态，更何况是教师呢？

我们都有这样的体会：学生在刚开学的时候状态很好，但是三四个星期后就渐渐没了状态，等到考试前一周，才又重新进入状态。只有状态好的时候，学生才会特别勤奋地学习，学习效率也很高。同一个年级的不同班级，成绩相差很大，这是因为学风不同，学生的状态也不一样。而同一个班级里好学生和差学生最大的不同是什么呢？是他们的心态，或者说状态。有些学生自己会找很多题目做或者会看很多书，而有些学生则整天被教师追着讨要作业。真是天壤之别啊！

我们在关注体育比赛时会发现，决定运动员成败的，实力是一个因素，状态也是一个很重要的因素。一名实力很强的运动员，状态好的时候可以创造世界纪录，而状态不好的时候连名次都拿不到。所以，每逢大赛之前，运动员所做的最重要的一件事就是调整状态。

除了身体状态之外，更重要的是心理状态。状态怎么调整呢？美国加利福尼亚州一个叫阿尔的口腔科医生，每逢有重要手术，他都会在早晨的同一个时刻起床，开车走同一条路线，把车停在同一个地方。进入手术室后他先穿上手术服，再穿裤子，然后先洗右手，后洗左手，最后站在患者身旁的同一个位置上。在这种固定程序中，这位医生能逐渐地把全部精力集中到患者身上，到最后他就完全进入了状态。有时候我们认为这是一种迷信，但对于人来说，更多的时候这是为了得到一种心理上的调整和安慰，而心理状态的改变对事情的结果常常有着较大的影响。每个人调整自己心态的方法都不一样，散步、自言自语、冥想、泡个热水澡等都是有效的方式。

成功的心理状态是自信，这种自信必须建立在自觉与自知的基础上。自知是知道自己的水平，而不是自不量力；自觉是在自己水平不够的时候接受失败并且努力寻找自己的不足，并加以改进；自信是一种感觉，用背书的方法是不可能学习到自信的，提升自信唯一的方法就是以实例训练大脑。成功的体验对自信心的培养非常有帮助。微软亚洲研究院的主任研究员周明，小时候在学生劳动中刷了108个瓶子，打破了纪录，从而获得了自信。他说："我原来一直是没有自信心的，但是这件事给了我自信。这是我一生中最快乐的经验，它散发着一种迷人的力量，一直持续到今天。我发现了天才的全部秘密，其实只有6个字：不要小看自己。"

人一旦进入成功的状态，便会体验到一些在常态下无法体验到的感觉。著名心理学家马斯洛曾对一些最成功，也最健康的科学家、人类学家、心理学家进行了研究，发现他们在日常生活、学习、工作中，以及欣赏文艺作品、投身大自然时，能产生一种非常奇妙、着迷、忘我，与外部世界融为一体的体验。每当这时，他们就会表现出饱满、高涨的情绪。马斯洛把这一体验称为"巅峰体验"。他说，他所研究的那些人几乎都有这种"巅峰体验"，而且非常频繁。

状态不是均匀分布的，而是像微观世界里围绕原子核旋转的电子一样，是跳跃的、离散的。美国哈佛大学教授、多元智能理论的提出者加德纳（H. Gardner）曾说："每一个人的潜能都有一个开关，当那个开关关闭的时候，人的潜能就不能得到发挥；当开关打开时，人就进入了另一种状态，这时候，潜能被源源不断地激发出来，处在这种状态里的人所表现出来的能力非常惊人，是处于闭合状态的人所无法想象与比拟的。"换句话说，不同的状态之间有一个阈值，没有达到这个阈值，则只能停留在这个状态；达到了，就会有一个跳跃。这与这个世界总是表现出量变引起质变、渐变引起突变是一样的道理。

在围棋里有实地与外势一说。日本的围棋棋手武官正树，擅长取势，他下棋，不要实地，专取外势，常常在中腹围出大空来。围棋里的局部之争，常常是一方得到实地，一方取得外势，而被认为是两分，大家都不吃亏，这是因为外势可以转化成实地。

象棋里同样有势的概念。中局战斗主要就是双方积攒势的过程，势同样可以转化成子力。有时候一方弃子强攻，就是通过弃子得到了“势”，而另一方为了缓解紧张的局势，往往通过献子来解救。要是到了大势已去的地步，棋也就结束了。

在教育领域里，学生的成就与他的状态同样是可以相互转化的。有些教师只关注学生的成绩，而不管学生的状态；有些学校，规定学生的学习时间是早上八点到晚上十点，把学生弄得疲惫不堪，学生的状态很差，学习效率就低，反而得不偿失。

所以，成功的教育者总是会关注学生的内心世界，然后想方设法调动学生的积极性，改变他们的精神状态。人一旦有了积极、乐观的心态，就会对自己有信心，学习成绩自然就能够得到提高。

有这么一所学校，其生源不是很好，但是校长却很注重学生的精神状态。学校组织了各种各样的活动，为学生搭建了各种各样展示特长的平台。一次，校长在参加某一个班级的主题班会时，发现一名女生歌唱得非常好。于是，校长牵头，学校出资，包了学校附近的剧场，为这名学生开办了一场个人演唱会。学校专门印了票，发给学生以及家长，并且在演出的时候还安排学生送上鲜花。演唱会很成功，反响非常好。然后，校长跟这名学生谈心说：“你现在是名人了，要注意自己的言行，穿着要得体，成绩也不能太差。”这个学生欣然接受，后来还考上了不错的大学。

在这个例子中，这位校长就很善于通过改变学生的状态而最终改变学生的成绩。当初，如果只是把这个学生批评一顿，然后责令其不能化妆，必须好好学习，那么，学生会有这么大的改变吗?

当然，我们强调学生的学习经验或者学习状态并不是否定教师的教，恰恰相反，教师必须以更出色的教来实现学生高效的学。高明的教师应该营造、创设恰当的班级环境，这种环境能够提供实现教育目标的教学情境，并激发学生学习经验的产生。基于此，教师的教也就没有固定的模式。他可以口若悬河，滔滔不绝地讲一节课；也可以惜言如金，欲言又止，引而不发，鼓励学生探究，在学习中发现。所有这些类型的教学都有可能是好的教学，也有可能是坏的教学。

（五）处世哲学：入世与出世的平衡

出世与入世是两种不同的哲学观。有的哲学家认为，人生就是苦难的根源，比如，柏拉图认为，身体是灵魂的监狱。道家认为，生命是个赘疣，是个瘤，死亡是除掉那个瘤。这些看法主张人应当从被败坏了的世界中解脱出来，这种哲学通常被称为"出世"的哲学。还有一种哲学，强调社会中的人际关系和人事，只谈道德价值，对于超越道德的价值觉得无从谈起，也不愿去探讨，这种哲学通常被称为"入世"的哲学。

站在入世哲学的立场上看，出世的哲学过于理想化，不切实际，因而是消极的；而站在出世哲学的立场上看，入世哲学过于实际，因而也过于肤浅。按照冯友兰的理论，中国哲学最终追求的还是"出世"与"入世"的结合。

我以前有一个同事，虽然年纪很大了，但行事方式却非常强悍。她一切以自我为主，尽可能争取自己的利益最大化，而丝毫不考虑别人的感受。比如说，她上午上完第一节课，就会立刻给学生布置当天的作业，并且要求科代表在下午上课之前将作业收齐交至她的办公室，于是，在上午接下来的课上，会有很多学生不听讲，偷偷地赶她布置的作业。再比如，她所任教的一个班级的班主任正在利用班会课在教室里讲事情，她会拿着一份名单突然冲进教室，高声点一些考试成绩较差的学生的名并向他们提出一些要求，而视尴尬且恼怒地站在一旁的班主任为无物。与她搭班的老师都对她意见很大，有些人选择了容忍，有些人则会与她发生争执，她也毫不退让。有一次，几个老师联合起来对付她，她气得跳起来，去找领导告状。领导劝她："退一步海阔天空，何必事事都要斤斤计较呢？"她回答说："年轻时因为太老实吃过亏，所以这一辈子不再让人。”她把“人善被人欺，马善被人骑”奉为信条，无论谁的意见都听不进去，并且因为年长的缘故，常常倚老卖老，摆老资格，校领导也拿她无可奈何。

她的性情后来因为一件事情而戏剧性地发生了改变。学校每年都会组织部分教师去体检，那年轮到了她。体检的结果非常糟糕，医生说她的某个部位长了一个瘤，需要进一步做检查确认，医生讲话的口气十分冰冷严肃，似乎连让她准备后事的意思都有了。听到这一消息，她感觉如五雷轰顶，万念俱灰，短短几天时间，人就苍老了许多。学校领导给她联系了本市最好的一家大医院去做进一步检查。从得知长了肿瘤到大医院的确诊结果出来，前后只有半个多月的时间，可她仿佛过了半辈子。检查的结果表明那是虚惊一场，肿瘤是良性的，大医院给她做了一个小手术将肿瘤切除了，一切无碍。出院之后再回到学校，她像是变了一个人。为人处世再也不像以前那样争强好胜，而是恬淡平和。她后来还写了一篇文章发表在校园网上。她说，经过这场变故，她看透了生死，一旦看透了生死，以前那些她认为很重要的东西都无足轻重了。小医院的一次误诊改变了她的人生观。

作为她的同事，我庆幸她能有所转变，同时也更加深刻地理解了“祸兮福之所倚，福兮祸之所伏”的道理。我想起以前那么多领导和老师想尽各种办法去做她的思想工作，不但没有起到作用，反而招致她的怨恨，现在可好，人生的一个意外就解决了所有的问题。

我还有一位同事，他做班主任做得非常出色。他工作很有激情，语言也很富感染力，只言片语就能把学生的情绪调动起来。他爱生如子，班里任何学生碰到困难，他都会及时伸出援手：学生的手被割破了，他马上从抽屉里拿出创可贴给他贴上；学生在运动会上摔倒了，他第一个冲过去把学生背到医务室去；教室里学校给配备的电视机坏了，报修了几次都没有修好，他一着急，竟把自己家里的电视机搬了过来；晚自修值班的老师身体不好，他便主动把值班的任务接过来，每晚十点以后他才到家，而他的孩子才出生几个月，妻子和老母亲都需要他的照顾……他的班级不但常规工作做得出色，在学校里的各项活动和比赛中也常常获奖。在这些比赛和活动中，他不但组织全班同学参与，而且每一次都是亲自策划、指挥，并且目标直指冠军。由于他表现优秀，学校给了他很高的荣誉，他也获得了区级和市级“优秀班主任”的称号。

但这位优秀班主任暴露出一个致命的问题——过于自负并且对荣誉过于看重。他对自己取得的荣誉和成绩沾沾自喜，而对其他班级的优异表现却常常大加贬低。有一次，他经过一个班级时，听到教室里有嘈杂声，他在门口探头一看，讲台上没有教师，于是走进去不问青红皂白就将学生狠狠地骂了一顿，末了才发现他们的老师正坐在下面跟学生讨论问题，而那个老师一脸茫然地看着他。该班主任有一种舍我其谁的气魄，样样事情都要争第一。有时候参加学校比赛没有获得第一名，回到班级后，首先把全班同学狠狠地批评一顿，然后开始挑获得第一名的班级的刺，觉得他们根本不如自己的班级，最后竟然埋怨评委，指责他们没水准，不公正。这样的言论多了，年级里的其他老师自然无法忍受他，于是老师之间便产生了矛盾。他不但不懂得反省，反而觉得别人是在嫉妒他、针对他，于是，很快地，他成了校园里的“孤家寡人”，其他老师都不愿理他。尽管学校领导十分清楚地看到了他的闪光之处，但是也不得不提醒他要包容与他意见不同的人。

从入世的角度来说，这两位教师都做得很好，工作非常努力，非常强势，而且都非常渴望出成绩。但是，正所谓“过犹不及”，由于他们不能抱着出世的心态看待荣誉，处事过于偏执，常常南辕北辙，从而产生了不必要的纠纷和矛盾。

我们主张教师首先要有“入世”的工作和生活态度，因为认真、积极地对待每一天，是每位教师最起码的工作态度。事实上，有不少教师，在工作了十多年之后，就产生了倦怠感。在带了两三届学生之后，他们对教材的内容已经烂熟于心了，有时简单地备备课也能上一节不错的课。他们的职称也评到了中级以上，再往上评有一定的难度，因此，他们缺乏继续前进的动力。人一旦缺乏前进的动力，就会迷失自己。这样的教师将自己的职业当作养家糊口的饭碗，所以，其兴趣和思考的中心常常在工作之外，对学校的教学得过且过，专业发展和业务研修能应付就应付，对于教育改革本能地持反对意见，不希望有任何变革。这样一种不思进取的工作态度完全是消极的，也是有害的。

但是，如果过于入世，不知超脱，只知进而不知退，那么，他的世界也会过于狭窄。

朱光潜先生说："以出世的态度做人，以入世的态度做事。"对待过程，我们应该向孔子学习，提倡抓住一切机会建功立业，过一种积极的人生。只要有1%的希望，就要付出100%的努力，不抛弃，不放弃，甚至像孔子本人一样"知其不可而为之"。而对于结果，则应该有一种超然的态度，学习佛家的"诸行无常，诸法无我"，对人、对事都不应该太执着。谋事在人，成事在天；只要曾经拥有，不在乎天长地久；无论结果如何，只要我努力了就不遗憾，不后悔，乃至"不以物喜，不以己悲"。

一个成功的班主任应该全情投入，积极地建设班级，为了实现目标努力付出，而当结果出来时，要抱着一颗平常心，无论胜败，都能平静地对待。尤其是在荣誉面前，要淡定、谦卑、感恩，最重要的是要"不争"。

在班级管理中，老子的管理思想值得学习。《道德经》第十七章有云："太上，不知有之；其次，亲而誉之；其次，畏之；其次，侮之。"意思是说：最好的统御者，人民群众不感到有他的存在；其次，人民群众亲近和赞美他；再次，人民群众畏惧他；最次，人民群众轻侮他。老子在这里讲述了统治或领导优劣的四种境界。老子推崇第一个境界，用他在同一章里的话来说，就是"悠兮其贵言。功成事遂，百姓皆谓'我自然'"。这就是说，领导者悠悠然不轻易发号施令，事情办成功了，老百姓都说："这是我们自己这样做的。"

班主任都应该用这个标准来对照一下，看看自己属于哪一个境界。有一些班主任，不能让学生服气，学生不但不尊重他反而轻侮他，这是最低层次的；有一些班主任，很凶，确实让学生畏惧，但也就是畏惧而已，属于倒数第二个层次；能够做到让学生亲近与赞美的班主任已经很了不起了，学生尊重他，不管是老教师还是青年教师，我们身边都能找到这样的例子；还有一个最高的境界，那就是让学生真正自主、自治，教师无为而治，但发挥了很大作用，让学生感觉不到，这是一种班级管理的有为与无为、入世与出世的完美平衡。

以上五种平衡，其实都是相辅相成的，它们是同一种哲学理念的不同表现形式，在本质上相互统一。

《道德经》第八章云："上善若水。水善利万物而不争，处众人之所恶，故几于道。居善地，心善渊，与善仁，言善信，政善治，事善能，动善时。夫唯不争，故无尤。"在这里，老子特别推崇水的品质：居住要像水一样随遇而安，心胸要像水一样深不见底，交往要像水一样顺其自然，言谈话语要像水一样真诚重信，管理要像水一样有条有理，办事要像水一样发挥能力，行动要像水一样抓住时机。而所有这一切，都是在不争中做到的。就是因为不争，所以才不会有过失——"夫唯不争，故无尤"。做到这一点，就可以称作"上善"，乃最高境界。

老子对水的推崇是有道理的。水既是理想的，它是生命之源，至纯至美；又是现实的，甘愿处下，不与人争。水集智、仁、勇于一身，水哺育生命万物，是为仁；水能载舟，亦能覆舟，能量无穷，是为勇；而水的智，孙子早就议论过："夫兵形象水，水之行，避高而趋下；兵之形，避实而击虚；水因地而制流，兵因敌而制胜。故兵无常势，水无常形。能因敌变化而取胜者，谓之神。"水刚柔相济，外柔内刚，外圆内方。水丰富多彩的变化与其淡定、平静、永恒的特点正是入世与出世平衡的范例。

禅宗有一则著名的故事：

一个禅院里的老禅师有一天晚上到院子里散步，发现墙角那边有一张椅子，他一看就知道有出家人越墙出去溜达了。这位老禅师便走过去，把椅子移开，自己就地蹲着。过了一会儿，果然有一位小和尚翻墙，踩着老禅师的背跳进院子。小和尚看到自己刚刚踩踏的不是椅子，而是自己的师父，惊慌失措，张口结舌。可是，老禅师并没有厉声责备，只是以平静的语调说："夜深天凉，快去多穿一件衣裳。"小和尚羞愧地跑回自己房中，从此一心修道，再也不偷跑出去了。

在老禅师的身上，我们看到了理想主义和现实主义，看到了智、仁、勇，看到了坚定与宽容结合而成的刚与柔，看到了入世的优雅与出世的从容。一名成功的班主任应当以此为目标！

（上海市平和双语学校　万玮）

五、我的班主任工作研究之路

"你要知道，你是一个处于学术研究边缘人状态的一线班主任，既没有精深的研究素养，又没有专业人士指导，你十年来的中小学班主任工作研究存在一定的风险性。这是做中小学班主任工作极不应该出现的现象，该全面地回顾你的研究经历并确定属于你的研究范式了！""是啊，我的确应该回首过去的研究经历了。"此时，我说话的对象不是别人，而是我自己。这种提醒推动我不断地反刍那些带有审美意蕴的研究生活：步履蹒跚地走了十年，我的研究定位是否合理？我的研究行为是否科学？我的研究结果是否可信？我的研究效益是否可观？概而言之，十年来，我到底走过了怎样的研究之路？这些发问让我带着一种审美畏怯去关注自己的研究经历，而这些思索也让"我"和"自己"结成了新的自我认识的联盟。

（一）问路：为了我自己而研究

1998 年 9 月的一天，我在教室里辅导时，看到地上有一张用过的纸巾。当我打算蹲下去捡纸巾时，却又明显地感觉到这样做不合适。在纸巾两边就座的是两个女生，如果我蹲下去捡纸巾，视线正好能看到她们的胸部。这势必会让两个女生感觉很不舒服。如果我弯腰去捡纸巾，不仅坐在纸巾两边的孩子不舒服，后面的两个孩子会看到我的屁股，更不雅观。我又不能让学生捡，那会打扰学生的正常学习。可我又不得不去捡纸巾，因为我得给学生一个良好的提示。这样前思后想，我陷入了无法处理这张纸巾的尴尬境地。那会儿，我甚至幻想着赶紧来点儿风把纸巾吹走，或者这时有学生发现了这张纸巾并捡起来，这样我就解脱了，但我知道一切幻想都是不会变成现实的。为了避免干扰学生学习，我轻轻地把纸巾踩在了脚下，这样谁都看不到纸巾了，我就可以放心地开始分析如何理性地对待这张纸巾了——此时此地不能处理的事情，不妨换个时间、换个地点来处理。想到这里，我决定把纸巾轻轻地踢到教室后边，那里没有学生，我可以蹲下去捡。

尽管处理这张纸巾的经过并不是严格意义上的教育研究，但那几分钟的特殊经历，使我深刻体验到教育研究对一位教师的重要性，也预示着我的教育研究开始“问路”了。对于一位职初教师来说，这本是很有意义的方向选择，但对我来说有新的内涵。我接受的专科教育背景中没有教育研究的专业课或选修课，因此，我是以个人理解来开展教育研究的。另外，基于工作需要去阅读教育研究类的专业书籍时，我功利性地选择了一些策略、方法类的章节来学习，从而造成我的教育研究素养结构有缺陷。这两个预设给我职初的研究埋下了隐患。

由于我刚参加工作，研究目的自然地定位为让我以称职的素养开展班主任工作和语文教学。在研究中，我不断地寻找提升我的素养的实践策略。比如，我和学生通过签合同来提高师生的成长质量。在《关于说普通话的合同》中，签约的甲方为全班同学的代表班长，乙方则是我。合同内容大致有四个要点：一是师生在任何场合下都要说普通话；二是本合同从签订日起生效，并在以后的三年中也永远有效；三是如果有不说普通话的，凡被班级成员发现者，要找 10 个听众，用普通话读一篇优美的散文给他们听；四是我要负责搜集有关材料，对全班学生进行普通话培训，并须保证授课 15 节以上。这份合同原本定位为师生共同提高，但由于我的强势引导，在真正操作时只是用来监督我了。

研究使我的素养在短时间内快速提高，我的教育教学效益得到了有效保证。因为我的工作业绩比较突出，当地教育局在我所在的学校召开了一次班级管理经验交流现场会，推广了我的一些做法。这让我自得了很长时间——我毕竟才刚参加工作两年。

让人欣慰的是，不长时间后，我这种肤浅的自得在现实面前就灰飞烟灭了。

“老师，您知道为什么这一次您发的调研表格大家填写得不认真吗？您只是关注如何让大家帮助您，而没有想到怎么帮助我们。既然跟我们关系不大，所以很多同学应付着填完算事了……”

班长陈晨送来的调研表格填写得一塌糊涂，让我很生气，而陈晨陈述的原因却让我有些吃惊。在仔细翻阅那些调研表格时，我陷入了沉思。“你们喜欢我的哪一种工作习惯？”“我的哪些地方让你们不满，需要提高？”“我最近说错了什么话？”……这些问题全都是为了我的素养提高而设计的，我把学生视为研究的附属物了。“事不关己”，学生当然可以“高高挂起”了！

“老师，关于说普通话的约定，您只关心您有没有违规，却不关心同学们的遵守情况！”“您确定的一些策略只是要求我们如何时时处处地监督您的提高，您什么时候全身心地监督过我们的成长？”……实际上，学生们以前的抱怨早已向我透漏了相关信息，只是我没有关注而已。想到这儿，我开始愧疚起来。

——每一项研究在选题论证时，尽管我认真分析过进行这种改革对我的素养提高的必要性和意义，但我很少找学生咨询一下他们对这个实验的看法以及他们是否接受。就是询问了，也是找那些素养比较优秀的学生，而且找他们来多半是想好了几个问题让他们谈感受以验证我的设想是否可行。我的实验与研究的实施并不一定得到了学生的允许。

——每一项研究，我很少顾及学生诸多鲜明的个性，以隐性权威的身份来整体性地推进研究进程，漠视了学生的认知自由和成长个性，学生异化成了和研究设施一样的无生命的实验因子。

——我把学生当作研究对象之一，从理论上假设通过实验可以在我身上预期出现哪些效果。可是，实验过程中的自变量、因变量等变量因素是不可能完全有效控制的，这将影响实验的成效甚至导致实验失败。我的实验失败了，可以再进行新一轮的探索，但学生的初中三年已过，能重新再过一次初中吗？我的实验带有一定的风险性，而风险的责任客观上是让学生来承担的。

——当发现了自己具有某一班主任工作个性的潜质时，我便给自己确定了一个关于班主任工作个性形成的实验课题。实验开始后，我几乎每天都根据实验的要求练习，追求我的班主任工作个性的早日形成。日常班级事务的处理，我按照实验的要求更多地考虑为了形成自己的班主任工作个性现在需要做什么，而很少关注学生们需要什么。那时候，学生成了我的陪练，好像学生来学校就是为了帮助我铸就班主任工作个性的。

…………

在内省中我痛心不已，这种定位于提高我的职业素养的研究狭隘至极，是明显的“野路子”的研究行为。研究价值定位的偏失影响了我的研究行为的科学性，有些研究行为甚至是不健康的，直接导致很多研究结果是不可信的。那么，我应该开展什么样的研究呢？

内省对我这样一个初做研究的年轻教师而言太重要了，因为这是一种最好的“问路”方式。正是这样的教训、隐痛，促使我不断地内省，变成了我的研究的内在动力，更成了我的一种研究自救与自赎。“往者不可谏，来者犹可追。”尽管这种内省在我的研究实践推进两年后才萌生，来得迟了些，但它的价值在于提醒我在班主任工作研究的征程上我开始问路了。

（二）铺路：为了工作而研究

在全面地回顾、总结职初两年的研究失误的基础上，我选取了通过系统阅读教育研究类专业书籍来提高我的研究素养。这一番主题阅读，历时四个多月，让我对教育研究又有了新的理解。尤其是为了避免出现失误，我对“研究过程”的学习与把握很关注，我想通过严谨的研究链条来保证研究的科学性。于是，这一时期的研究清晰地带上了这一特点。

那一届学生升到初二时，由于生命规律，多数学生开始盲目地表现自我。为了激发学生科学地自我展示的激情，我在多日调研、论证、规划后设计了一堂重在体验的班会课——“寻找自我”。

在这次主题班会上，除了“上课”、“请坐”、“下课之前交上我现在发给大家的材料”三句话外，整堂课，我没再多说一句话，我只是站在讲台上微笑地看着学生们忙活。

寻“人”启事

现寻找我的学生，男孩儿女孩儿均有，年龄在13—14岁之间。他们均相貌端庄，身体健康，学习都不错，特长都有所发展，综合素质明显高于同一年龄段的学生。他们的成长喜人，曾得到区委书记、区长、教委主任的肯定。初一时，他们非常讨人喜欢，与我关系很妙。可是，进入初二以来，因为我的工作“失误”，没有“管理”好他们，他们于几个月前“走失”（“走失”的含义：他们有的说一些不文明的话，有的无理顶撞家长，有的乱花钱，有的穿奇装异服）了，现不知他们在“何方”。他们曾是我的骄傲，曾是我的寄托。请知其下落者，速来告知我，并帮助您找到的学生填写好《我最得意的时候》这一表格，让他们赶紧回到我身边，我很着急，担心学生的明天会不怎么样。

我将以一颗赤诚的心重谢那些发现、送回我的学生的人！

王立华老师

×年×月×日

这就是我当时发给学生的阅读材料。

学生们看到《寻“人”启事》时，先是相互对视，显现出惊异的神色。有的甚至说，世界之大，我们怎么知道您要寻找的人在哪儿。但看着讲桌上的我确实很认真，他们便开始认真读《寻“人”启事》了。不一会儿，教室里就由小声议论变为异常寂静了。随之，有的学生摇头叹息，有的学生咬着嘴唇沉思，有的学生把自己手脖子上的装饰物悄悄地往下摘，有个学生使劲揉搓自己上了色的头发……大约十分钟后，学生们开始动手填写

《寻“人”启事》后边的表格了。有的学生边填写边叹气；有的学生边填边拍自己的头；有个男同学干脆脱了自己明晃晃的上衣揉成一团塞在了书包里；有个学生填完表格后，还拿出了自己的日记来读，品味自己获奖时的幸福时刻。学生们开始了帮助我寻找要找的人的艰苦历程……

全班51名学生都填写了要寻找的人是自己，并都列出了一长串自己得意的时候的事件。也正是从这些得意的时候的回忆中，学生们明白了，要想表现自我，不一定要穿奇装异服，不一定要说不文明的话……而这正是我开展这次教育活动的目的。

这次班会课的设计、推进和总结，我是按照教育研究从“前测”直到“后测”的严谨环节逐步推进的，因此取得了显著效益。

这次成功的尝试还有一个重要的价值，那就是让我对教育研究有了全新的认识：教育研究不应该仅仅定位于成为我的成长策略，而应成为我工作生活的一部分，变成我的教育存在方式。换言之，我应该为了我的日常工作的开展而研究。想到了，我自然就在举手投足间予以践行。于是，日常教育生活的每一个值得分析的细节都成了我的研究对象，而每每这些关注细节的微观研究都能让我尽情体会无法言喻的喜悦。

当然了，我的研究不只关注这些“小细节”，还关注一些“大难题”。比如，为了解决我在班级和不在班级时班级是两个状态的僵局，我选择了“自主化班级管理”的研究课题。此课题被确定为山东省教育科学“十五”规划重点课题。“自主化班级管理”是一种在自主教育理论指导下进行的班主任自主管理班级、学生自主发展的以培养学生的创新性人格为价值取向的教育管理实践。在实验的几年中，形成了具体的操作流程。比如，关于学生自主管理的操作流程是这样建模的：“分解目标，构建体系；纵横建制，职能并举；双线管理，网络健全；团队带头，组织引导；专项承包，责任具体；合作竞争，自我加压；自我分析，追求卓越；形成制度，操作规范。”研究总结《自主型班级管理结构形式的建构》《“一线四化”班级管理策略》在《班主任之友》《班主任》上发表后被《人大复印报刊资料》全文转载。此实验推进的过程中，先后有省内几百所学校前来考察。日后，课题通过了山东省教育科学“规划办”的鉴定，研究报告获得了山东省教育厅评选的山东省第四届优秀教育科研成果一等奖。

“为什么我的眼里常含泪水？因为我对这土地爱得深沉……”在日常研究中，我深深地爱上了这一教育行走方式。为工作而研究的扎实推进，繁杂的研究内容拓宽了我的研究视阈，使我的研究步履从容了不少，为日后研究层次的升格夯实了基础，更铺平了日后长足延伸的研究道路。但是，由于缺乏严格的研究范式的规范和专业人员的指导，我这一阶段研究的随感式痕迹明显：遇上什么问题就研究什么问题，没有稳定的研究重心和主攻方向。这样的研究，我只是用一些结论来撞击教育同人的心灵而已，听起来是那么回事，似乎也具有辐射力，但终究不能看成是学术结论。

（三）择路：为了学生而研究

由于为了我自己与工作进行研究都有其局限性，所以我的研究需要新的定位。为了寻找新的定位，我的研究状态在一段时间内一度摇摆不定：有一段时间，我曾远离当地的一些学术团体，专心投入自己喜欢的研究领域和研究方向，我想做一个摆脱了行政思维而有独立思维的自然研究者；有一段时间，我曾极力排斥各种教育科研主管部门的各类评奖、“评优树先”活动，我的出发点就是想让自己的研究处于自发状态，不掺杂功利的成分；有一段时间，我曾热衷于参加各种研讨会，想排斥我的研究自闭，在获取多种渠道的研究信息时，争取更大范围内的文化接受；有一段时间，我曾放弃读语文教学、班主任工作方面的书，同时多看社会学、文化学、历史学等方面的书，我想改变自己的专业定位，以此来充实我的研究基础。

我的研究选择摇摆不定，我又担心落子尤悔，这一时期的择路历程，是迷茫的，有时甚至有些莽撞，更是痛苦的。这使我丧失了研究个性。但这种底层的、民间的、独立的观察与思考，为我的研究定位的确立做足了思想准备，奠定了扎实的实践基础。在这种研究逻辑的繁杂中，几年来逐渐养成的学术思维帮了我的大忙：我已经习惯于在一片繁杂的实际问题中寻找逻辑支点。只要找到了逻辑支点，就没有什么问题不能解决。在这种找回与找不回的碰撞中，在批判与建设的交叉实践中，借助一次特殊经历的分析，我终于又把自己的研究抓住了。

到2001年7月，我带的第一届学生毕业了，他们的语文中考成绩很优秀。有两名学生进入全区前三名，有三名学生进入全区前四名，学校的前六名全是我的学生，第七名有四人并列，其中两人是我的学生，成绩过100分（满分120分）的全是我的学生。这让当地很震动，我自然也很欣慰。但是，当我跟踪、分析学生到高中以后的学习情况时，我却遗憾地发现他们的学习成绩并不是非常突出。对此，我很难过，因为我怀疑自己给学生的初中教育的价值。"知我者谓我心忧，不知我者谓我何求。"做一名班主任能做到这样似乎就可以了，但我却有一种深深的自责：我主观上是为了工作开展研究，这些研究客观上可能会在学生身上出现一些效益。但这些效益是没有生命力的，因为为了工作而研究还是外在于学生的成长的。那么，我的研究应该有什么样的新定位呢？我做研究的终极目的是促进学生成长，研究效益应该体现在学生身上。因此，我的研究目标是让每一个学生实现初中这个阶段独特的生命价值，并争取为日后的发展奠定一点儿基础。换言之，是让学生实现个性化的发展，做最好的自己。

从第二届学生起，我就开始研究并实践学生的个性化发展，这反映了我的研究中心的转向。

把学生实现个性化的发展作为我的研究重心，首先需要寻找学术上的依据。埋头一分析，我就找到了：我国中小学班级授课制的目标长期定位于"形成班集体"。这一定位对培养学生的群体意识、集体责任感、提高教育的整体效益等都具有积极意义和现实价值，但在一定程度上忽视了学生个性化成长的需要，压抑了学生的个性。在这一教育形制下，对于学生来说，班级的编制是偶然的，归属是带有强制性的。尽管学生的年龄相同，学生的成长需求却迥然不同，学生的成长轨迹自然也是不同的。因此，教师应把促进学生的个性化发展，为每一个学生提供个性化的发展计划作为自己的主要工作目标。

这一研究既有现实来源，又有学术依据，既然行得通，我便开始了具体操作。我的研究内容有三个重点：通过研究学生当前的实际情况，帮助每个学生制订个性发展计划；帮助学生明确富有特色的发展方向；通过开设个性化的班级课程，支持每个学生在自己喜欢的领域获得更快更好的发展。

那么，作为学生个性发展计划的第一步，到底如何帮助学生制订各种类型、各种时间段的个性发展计划呢？我的尝试是把每一个学生当课题来研究。比如，我带的2004级学生有40名，我便结合每个学生的个性特点、学习水平、思维品质等具体情况，征得学生的同意后，为每个学生确立了一个符合该学生实际的科研课题，共设立了40个课题。而且，我还把学生也纳入研究体系，让学生和我一起研究他们的成长。比如为学生曹谦设立的研究课题是“如何做一个自信的优秀生”。尽管曹谦的综合素养很高，但她却不自信，不能自如地展示自己的优良素养。因此，在三年的成长中，她研究怎么做，我也帮助她研究。那三年，曹谦的学习成绩绝大多数时候是全年级第一名，多次获得各类竞赛大奖。尤其是她越来越能自信地在公共场合展示自己。

那么，又如何帮助学生明确有特色的发展方向呢？我精心设计了一套A4纸张排版的共四十多页的“成长基础自测”，让学生从家庭文化、个性品质、教育经历、学习基础四个方面来梳理、明确自己的成长基础，进而帮助学生确立自己有能力发展又感兴趣的发展方向。在这一研究中，最难的是设计“成长基础自测”的测量指标。经过一个多月的反复论证，我才制定出了具体的测量指标。比如，关于“学习基础”中的“预习能力”的测试指标是这样设计的：“预习在于初步了解教材的基本内容和知识体系，为课堂学习做好知识上的准备。你是否有此认识？如果有此认识，你能做到什么程度?”“预习大致分为三种类型：学期预习、阶段预习、课前预习。你最经常做的是哪一种？哪类预习没做过?”“在几类预习形式中，课前预习是重点，要持之以恒，形成习惯。你能做到吗？你能做到什么程度?”“预习时要找出新教材中的重点、难点和疑点。你能做到吗？你能做到什么程度?”“预习时要做出标记或记录，以便在课堂上集中精力掌握重点，突破难点，清除疑点。你能做到吗？你能做到什么程度?”

对于开设个性化的班级课程，我做了这样的研究尝试。我在研究中发现，班集体作为一个生命群体，学生的成长有个性化的需求，更有共性的要求。把学生共性的需要整合起来，用课程开发的形式呈现给学生，就形成了各个班级的“班本课程”。因此，“班本课程”是指以班级为单位，以班主任为主、任课教师参与的自行规划、设计、实施的课程，不属于国家基础教育课程设置实验方案的一部分。它完全出于班级内部学生的需求，自我管理，自我评价，是以发展本班级的学生个性为目标指向的。为了科学地研制“班本课程”，我确定了严谨的研发规划，保证“班本课程”的开发是一个持续性的、不断改进的过程。在实施中，还要及时自评、反馈、矫正。经过系统的研究后，针对前三届学生的实际情况，分别形成了《自己教育自己》《燃烧生命激情》《幸福是什么》的“班本课程”。

此处附上《自己教育自己》的纲目。

前　言　自己教育自己——什么是自主教育

主题一　道德自尊。1. 我骄傲，我是中国人；2. 师生有别；3. 我是独一无二的存在；4. 长幼有序；5. 世界如何变成美好的人间；6. 无人的地方看出真美德。

主题二　是非自辨。1. 何为真；2. 用“明眼”辨认真伪；3. 何为善；4. 用“慧心”区分善恶；5. 何为美；6. 用“慧脑”识别美丑。

主题三　生活自理。1. 家庭生活：自己的事情自己做；2. 学校生活自理；3. 社区生活自理；4. 独立生活：今天我当家；5. 你的网络生活能自理吗；6. 我是理财的小行家。

主题四　行为自律。1. 迈好青春第一脚；2. 我离中学生的形象是否有差距；3. 校园安全总动员；4. 做个好公民；5. 我不是无理取闹的孩子。

主题五　学习自强。1. 学习目的：出人头地与自身价值的实现；2. 端正学习态度大家谈；3. 学习内容：从生活中开始学习；4. 我喜欢的学习方式；5. 选取适合自己的学习方法；6. 自我努力：学习能力提高的保证。

在这一阶段的研究推进了很长一段时间后，我想把这种研究上升到研究文化的层次来对待和把握。为了让个性化发展始终萦绕在学生的成长时空里，我给班级建设中的任何一项事务都赋予个性化内涵，比如为每个学生设计个性化的挂历。2007 级学生杜爽的挂历是这样设计的：封面以杜爽的名字做底色，加上杜爽的照片和“杜爽，2008”字样，“十佳学子”、“学习委员”、“三好学生”等字样分布到 12 个月的页面上做底色，每一个页面上再加上杜爽的照片和她信奉的话语、获奖描述等成长的最佳体现。再比如，我给每一个学生办一份报纸。学生林钰聪学习很扎实，很卖力，但过于内向和脆弱，影响了她的学习爆发力。于是，我就从一个老师的角度每隔一段时间出一期《祝你幸福 · 林钰聪 B 刊》，向她介绍如何走出内向、如何避免内向转变为抑郁等内容。而林钰聪也在办《祝你幸福 · 林钰聪 A 刊》，从一个学生的角度探讨如何走出内向、如何避免内向转变为抑郁等内容。

经历了痛苦的选择后确定的研究方向，我是倍加珍惜的。因此，与以前相比，这一阶段的研究是比较成熟的。尽管研究定位是值得肯定的，研究行为也是科学的，但这种研究过多地关注班级实际与学生的个性化问题，从而使研究结果不具备普遍性，离开原有的文化场域在别的地方不一定有借鉴意义，更别说“可以重复”了。不可复制的研究、不能分享的研究，其信度和效度是值得商榷的。所以，我的研究还没有进入高层次的境界。

（四）上路：为了“中小学班主任工作”而研究

为了自己、工作和学生而研究，我确定的研究对象似乎都是现实中需要解决的问题，这使我永远处于解决自我需求和教育现实要求的紧张关系中，有时候甚至使我和现实教育处于敌对状态中。我的研究说是解决一线班主任要遇到的普遍的现实问题，而实际上只是在解决我在独特的背景文化中遇到的问题。这是一种固定的、狭隘的研究范式，这让我看不到过去，更看不到未来。那么，这种外在的、静止的、孤立的研究于研究本身还有多少价值呢？

"众里寻他千百度，蓦然回首，那人却在灯火阑珊处。"在追问中我恍然大悟，研究者的使命不是为了发泄，也不是为了指责，更不是为了炫耀，而应是向自己和他人展示一些带有普遍性、经得住时间推敲的操作模式与理论图景，并以此来推动中小学班主任工作的发展。我的研究必须摆脱行政思维、道德评判与太个性化的意识形态，用关怀的目光看待中小学班主任工作世界，对正面的和负面的问题与现象要一视同仁。立足于此的研究才是真正的为了"中小学班主任工作"而谋的研究。

有了这样的认识，我也就准备开始新的研究历程了。而且，一次偶发的事情又加快了我转变的步伐。

2006年，我到某地参加一个教育学基本理论研讨会。由于这次会议的参加者不多，每个人有充足的时间发言。与会研究者就自己的研究特长或研究领域发表了一系列见解。有的就元教育学的基本问题阐发自己的新理解，有的就教育经济学谈了自己的最新研究结果。这时，我就"中小学班主任工作"发表了自己的一些见解。我的阐释刚开始的时候，大家觉得这是个新选题，大多数与会者听得很投入。等他们弄明白了我要阐述什么问题后，针对我的这一观点，与会人员出现了争论。有的认为这个命题是一种新的研究方向，有的认为它很有研究价值，但有的认为它从学术逻辑上来看不一定成立，更有学者直接指出研究这个问题就是在走教育学研究的旁门左道。

从1942年正式出现"班主任"这一名称到今天，班主任已成为学校教育的关键力量。为什么这么重要的一个学校教育岗位却得不到教育学学术圈的认可？我想，根本原因就在于中小学班主任工作的基本问题没有弄明白："找不清"中小学班主任工作从哪里来、"找不准"中小学班主任工作的现状是怎么样、"找不到"中小学班主任工作的发展去向。在基本认识模糊的基础上开始实践，任何行为自然都容易引发争议。"每因楼上西南望，始觉人间道路长。"基本的问题都没弄明白，要做的事情太多了。问题分析到这一层面，我的研究定位、研究立场与研究起点就明晰了。

首先，我要解决"中小学班主任工作是否立得住"这一最基本的问题，换言之，我要理顺中小学班主任工作的历史沿革，界定中小学班主任工作的存在现状，寻找中小学班主任工作的发展去向，最终形成了《我国中小学班主任工作的历史考察与当代发展》（《当代教育科学》2007 年第 5—6 期）与《班主任工作的现存不足与变革思路》（《河南教育》2008 年第 7—8 期）。在这两篇文章中，我对中小学班主任工作的来龙去脉、现实情况做出了一些价值判断，比如在《班主任工作的现存不足与变革思路》一文中，我提出了这样的主张：①中小学班主任工作的现存不足。教育目标：以“形成班集体”为本的目标定位，忽视了学生的个性化成长需要；教育价值观：以金字塔形的师生关系结构为建构根基，不利于学生的自我人格塑造；理论基础：“拿来主义”居多，“中国化原创”相对较少；实践范式：专门化与条块化地划分工作职能，不利于班主任工作教育合力的形成；实践主体：长时间内没有专业尊严，整体工作水准体现为低水平重复；管理制度：束缚、督促的色彩浓重，不利于激发班主任的工作积极性；评价指标：实用主义至上，一元化地关注班级的学习成绩和纪律保持。②中小学班主任工作的变革思路。教育目标：以实现学生的个性化发展为本的新定位；教育价值观：运用系统观点，重新认定班主任工作的作用；理论建构：以学科建设的标准加强班主任工作的基础理论研究；实践范式：以专业化、信息化要求推进班主任工作；实践主体：中小学班主任应走专业化发展的成长路径；管理制度：督促班主任形成工作个性；评价指标：追求对班主任日常工作的多元肯定。这样的研究有助于我找到中小学班主任工作的逻辑起点和价值本体，不仅丰富了我的理论积淀，更为我的日常教育实践提供了强大而有力的智慧支持，也更加坚定了我在这些领域做点儿研究和尝试的信心。

通过对中小学班主任工作的历史沿革、存在现状与发展去向的研究，我以为“班主任”这一岗位必须在国内基础教育阶段存在一个相当长的历史时期。那么，当前需要什么样的中小学班主任工作？换言之，中小学班主任的日常实践应该有什么样的工作范式，中小学班主任工作应该怎样寻求理论创新，这两个问题解决不了，中小学班主任的实践、中小学班主任工作的理论探讨还要处于迷茫、争执中。我的研究总结形成了一系列的文章，我在其中做出了以下判断。①中小学班主任的工作范式要实现转型，基本观点体现在《班主任专业化：工作范式的转型》（《教育管理》2007 年第 3 期）和《班主任专业化的困境与实践路径》（《人民教育》2008 年第 6 期）两文中。我以为，班主任当前的地位正逐渐高于以往社会学意义上的不专业、半专业，接近专业成熟。因此，我国传统意义上的中小学班主任工作是一种资格“业余”、职能履行随意、无群体效益的教育范式，而 2006 年（这一年，教育部公布的两份文件对班主任的资格取得等重新做了规定）以后的中小学班主任工作则是一种价值追求定位明晰、学科专业自主、实践岗位专业化的新的教育范式。因此，从“业余班主任工作”走向“班主任专业化”，是我国中小学班主任工作范式的转型。②中小学班主任工作要实现理论创新，首先要确定属于自己的最理想的理论研究立场，其次要确定理论应用的新范式。关于中小学班主任工作的理论研究立场选择，我的基本观点体现在《实践教育学：我国中小学班主任工作理论研究的立场选择》（《教育参考》2007 年第 8 期）一文中。我以为，“班主任”岗位带有明显的中国化特点，因此，开展基于中国立场、反映中国问题、汇聚中国经验、凸显中国风格的中小学班主任工作理论研究，研究者需要有牢固的“中国立场”和“中国情结”。综上所述，实践教育学无疑更有利于阐释我国中小学班主任工作的基本问题。关于中小学班主任工作的理论应用，我的基本观点体现在《实践对接：班主任工作的理论应用的范式转型》（《班主任之友》2006 年第 11 期）一文中。我以为，“实践对接”是指在班主任工作实践中，实践主体与理论主体共同研究班主任工作理论的应用问题，在共同的研究中实现对理论的验证、发展、完善与创生。从微观意义上讲，当实践主体努力在实践中辩证地运用理论并形成了具有自主能动意识的个人内在理论时，当理论主体根据实践主体的具体表现及时修正已有的理论成果时，实践主体和理论主体二者就实现了实践与研究的二维互动，也就实现了班主任工作理论应用的实践对接。

那么，谁来做中小学班主任工作？我的基本观点体现在山东省 2007 年骨干班主任培训教材（《小学班主任工作实务》《初中班主任工作实务》《高中班主任工作实务》）中。这三册教材中关于班主任的角色担当、成长方式都是根据我提交的教材纲目确定的。而关于中小学班主任的角色和成长，我的观点集中体现在我独立完成的《初中班主任工作实务》中的《新时期谁来做初中班主任工作——初中班主任的专业化成长》一章中。我以为，班主任应立足岗位发展，在实践中赋予自己专业形象。在专业道德上，完成从教育事业的奉献者到教师生命的提升者的转型；在专业知识上，完成从知识体系的完善者到知识体系的拓宽者的转型；在专业能力上，完成从教育研究的跟随者到教育研究的先行者的转型；在专业文化上，完成从教育理论的消费者到教育理论的创生者的转型；在专业智慧上，完成从教育智慧的守望者到教育智慧的生发者的转型。而在具体实践中，班主任应该从自己的教育理念的形成与丰富、教育原则的确定与坚守、教育内容的开发、教育策略的选取、良好的工作习惯的养成与坚持等五个维度来全面提升自己的专业水准，赋予自己专业形象。

当前，中小学班主任工作做什么呢？我的主张和思考体现在我参与策划、编写的《教育部 2008 年万名中小学班主任国家级远程研修课程》中。我以为，为了便于一线班主任借鉴运用，应该以班主任的每一天、班主任的每一个学期、班主任与每一个班级、班主任的成长等来确定中小学班主任应该做什么。此课程共六本，我在参与了章节论证后，具体参与了《班主任的每一天》的编写工作。

从 2008 年上半年起，我集中思考“当前怎样做中小学班主任工作”这一问题，又先后在一些研究总结中提出了一些主张或做出了一些判断，《岗位幸福的日常追求》（《人民教育》2008 年第 11 期）和《中小学班主任的教育哲学追求》（《河南教育》2009 年第 5 期）等总结也相继发表。

每个基本问题的解决，我花费的时间不均衡，相应地，研究总结的修改时间也便长短不一，有的修改历时两年多，有的仅用半年，修改时间的长短反映了我对这一领域从陌生到了解的研究周期。

综观这一时期的研究，我更多地关注了基于实践的理论研究和文献研究，这快速地提高了我的理论素养，从而让我的研究行为理性成分增加，结果的可信度增加。当然，这一时期，我也没有放弃叙事研究、质的研究等研究方式。让我欣慰的是，理论研究的效益自然地延伸到了我的实践研究中，也极大地保证了我的实践研究的高效益。

“十年辛苦不寻常”，迷茫、酸楚、快慰的感觉如鱼饮水，天天触摸，有效地积淀了我的研究内涵。“十年磨一剑”，好在历经十年的蹒跚尝试后，我终于走上了正规的研究道路。

我是一名中学班主任，我供职的学校也是一所名不见经传的国办中学，这些决定了我不能进入当代流行的学术界中心，使我处于学术研究的边缘人状态。这固然不能让我有高校专家、名流在研究中的自信、自得之乐，然而，我也不必像一些专职研究者那样煞费苦心地完成上级交给的研究任务。“清禽百啭似迎客，正在有情无思间。”这一切成全了我，使我可以从行政思维、道德评判中解脱出来，获得了学术自由，我可以专心地研究一些有价值的方向或范畴。

十年来，在自主发展的教师成长范式的引导下，我的研究不断地发生转向。一次次的转向，就是一场场一旦进入就很难停步的苦涉，我是在潜心寻访，也是在静静对话，更是在慢慢提升。十年的研究——关于中小学班主任工作——使我的内心深处变得澄澈、敞亮起来。

（山东省临沂市光耀实验学校　王立华）

（主持　王皓　班主任之友杂志社）

后 记

在当今教育改革的大环境下，“专业化”这个充满时代气息和希望的概念一经提出，便形成了专门职业的专业化浪潮，班主任专业化问题也适时被提了出来，并逐渐成为业内认可和探究的专业名词，随之提出班主任专业化的诸多问题及发展策略。置身于多元化发展取向的现实社会中，教育理念不断更新，教育对象不断变化，班主任应如何认识自己的教育角色？学生对班级具有怎样的期待？什么样的教育行为在何种教育情境下是有效的？班主任应怎样最大化地发挥教育作用？这一系列问题促使班主任进行更多反思，也赋予了班主任工作新的意义，对这些问题的思考、探究和实践的过程正是班主任走向专业化的过程。

班主任职业具有特殊性，教育内容的特殊性、班主任认识的特殊性、教育实践情境的特殊性，使其具有专业发展需要、知识补充需要、问题解决需要、情感社交需要，这些都会让班主任学会学习变得越来越重要。在学习中交流、共享与创生，既可以提升班主任个体的经验，又可以交汇融合班主任的知识，实现管理经验的分享和资源共享，提高工作绩效，提高教育效益，推动班主任专业成长。班主任专业化不仅是教育持续、健康发展的客观要求，也是班主任提高自身教育水平的主观需求，这正是编写本书的目的。

本书在框架结构上遵循理论指导实践的原则，从班主任专业化的内涵、阶段、途径、平台、目标等方面进行阐述。如何实现班主任专业发展，如何重构班主任角色和形象，也许没有固定的模式和套路，没有整齐划一的演进历程，但至少存在一些共性的方法，有规律可循。如班主任工作需要深入日常生活、学习的细节中去，班主任的知识是情境知识，班主任的智慧是实践智慧，班主任需要在听中学，在读中学，在看中学，在做中学，既需要实践的磨炼，又需要案例的积累。通过问题探究、现场诊断、情境体验、学习反思等方式来不断加强班主任解决问题的能力，追求教育的合理化、智慧化、精确化，融专业服务与专业研究于一体，这是一个真正的学习过程，是一个提高班主任专业发展意识的过程。

这本书是以《班主任之友》专刊《班主任专业发展》为基础，补充新的案例和内容，重新编辑而成。因此，这本书能够出版，是许多朋友共同努力的结果。

感谢为专刊撰稿的优秀班主任和理论工作者，这本书中不少地方闪耀着他们智慧的光芒。感谢专刊的策划编辑熊华生、汪媛、王皓，感谢专刊的特约撰稿人和特约编辑——谌志惠、郑学志，没有他们的劳动，就没有这本书；感谢王皓编辑在编辑书稿过程中付出的劳动；感谢张万珠先生的创意——根据图书特点而做出重新编排，感谢中国人民大学出版社张菲娜等老师的艰苦劳动，使这本书能顺利出版。

努力做一个有教育梦想的班主任吧。有梦，就当追逐；追逐，就会奋斗；奋斗，就能美梦成真。梦想的力量，是教育行走的力量，也是创造美好世界的力量。

范丹红

2014 年 12 月

责任编辑　杨　霞
装帧设计　许　扬
责任印制　梁燕青

图书在版编目（CIP）数据

班主任专业成长读本 / 范丹红主编. —北京：中国人民大学出版社，2014.12
（班主任之友丛书 / 陈秋中主编）
ISBN 978－7－300－20535－9

Ⅰ.①班…　Ⅱ.①范…　Ⅲ.①中小学—班主任工作—研究　Ⅳ.①G635.16

中国版本图书馆 CIP 数据核字（2015）第 000338 号

班主任专业成长读本
主　编　范丹红
副主编　王　皓
Banzhuren Zhuanye Chengzhang Duben

出版发行	中国人民大学出版社		
社　址	北京中关村大街 31 号	邮政编码	100080
电　话	010－62511242（总编室）		010－62511770（质管部）
	010－82501766（邮购部）		010－62514148（门市部）
	010－62515195（发行公司）		010－62515275（盗版举报）
网　址	http://www.crup.com.cn		
经　销	新华书店		
印　刷	北京华宇信诺印刷有限公司		
开　本	720 mm × 1000 mm　1/16	版　次	2015 年 1 月第 1 版
印　张	14.5　插页 1	印　次	2023 年 12 月第 11 次印刷
字　数	200 000	定　价	49.80 元